[英] 戴维·威尔士（David Wells）
罗勃·伊斯特威（Rob Eastaway） 著

程玮 魏意 昭烁 译

写得如此迷人的**数学**读物是十分罕见的

智力难题与脑筋游戏

上海教育出版社
SHANGHAI EDUCATIONAL
PUBLISHING HOUSE

导　言

解难题时获得的乐趣在哪里？对一些人而言,他们可以在解难题时接受挑战并解出答案,从而获得乐趣.寻找解题的方法至少和解决问题本身一样拥有乐趣.这是因为,最好的难题在解决过程中通常有令人惊奇的捷径或意想不到的方法.在这方面,一个好的难题的解法类似于一个好的笑话中的妙句.

根据我们的爱好,我们挑选了本书的难题,其中有一些经典的难题,因为我们知道许多人崇尚经典.大多数的难题是广大读者所不熟悉的.

许多难题只要思考片刻就能够解决,虽然其中有一些难题看起来最简单,其实隐藏了巨大的陷阱.少量的题目需要认真的思考,并用纸、笔做一些书面工作,这些都用星号标出了.

我们非常感谢杰瑞米·罗勃生(Jeremy Robson)和夏洛特·霍华德(Charlotte Howard),是他们鼓励我们将这些分别在下列两本书中的难题重新编辑出版,这两本书中的一本是由戴维·威尔斯(David Wells)编写的《脑筋游戏》,另一本是由罗勃·伊斯特威(Rob Eastaway)和戴维·威尔斯联合编写的《智力难题》,它们已由吉尼斯(Guinness)出版社出版.

* 标有星号的难题是那些可能需要用纸和笔的题目.

目　录

1

土豚（Aardvark）和斑马（Zebra）

《图解百科全书》分为两册,每册大约两英寸厚.这两册书在书架上毗邻放着,首位字母从 A 至 M 的书放在左面,首位字母从 N 至 Z 的书放在右面. 乔希（Josh）在其中放了一张土豚(aardvark)的书签和一张斑马(zebra)的书签,以便查找.这两张书签大致分开的距离有多大?

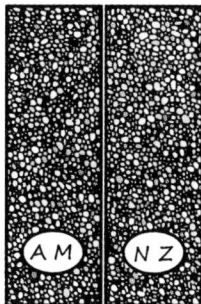

2

旋 转 硬 币

休(Sue)随意地拨弄着两个硬币,将其中一个硬币绕着另一个硬币旋转.马丁(Martin)走过来了.

"你看见这两个相同的硬币了吗?"休说,"我准备让一个硬币在右面保持不动,而另一个硬币在左面并不滑动,仅仅是绕着它转.当它转到另一边的时候,女王①的头像是向上还是向下?"

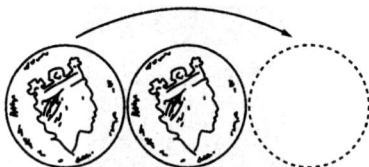

"头像当然是向下啰!"马丁回答.

休得意地微笑.

那么正确的答案是什么呢?

---

① 这里的女王是指英国女王.——译者注

3

一个字母小测验

"我这里有一个奇怪的单词目录." 山姆(Sam)说,"显然这里缺少了点东西."

"让我来看看这个目录." 尼基(Nicky)说.

CWM

FJORD

BANKS

VEXT

GLYPH

"山侧凹地(cwm)和海湾(fjord)都是与山谷有关的东西,是吗? 我希望山谷能有河岸(banks).可是 glyph(浮雕)和 vext(恼怒的)是什么意思呢?" 尼基问道.

"显然 glyph(浮雕)是 hieroglyph(象形文字)的一个标志,

vext(恼怒的)是 vexed(恼怒的)古老的拼法."

"看来我并不是个聪明人."尼基说.

"我也不是."山姆说.

你能找出缺少的字母而做出这个小测验吗？

4

拿 小 饼 干

趁妈妈不在家的时候,汤姆(Tom)在帮她整理小饼干罐头.其中第一个罐头装着浓茶饼干,第二个罐头装着消化饼干,第三个罐头装着混合在一起的各种饼干.他小心翼翼地拿掉标签,然后把它们重新贴好,但是所有标签和罐头里的饼干都不一致.

当妈妈回来的时候,汤姆向她坦白了他所做的事情.妈妈打开一个罐头,判断了其中是哪种饼干.仅仅是这样,她就能推断出这些标签原本应该是怎样的.那么她打开的是哪个罐头呢?

$$5$$

通过邮局女局长的审查

琼斯(Jones)先生想通过邮局寄一根斯诺克台球的球杆,但他很失望.因为邮局女局长告诉他球杆的长度超过了两米,而没有一种包裹的长度在 1.5 米以上.琼斯先生困惑了很久.他回去以后,小心翼翼地把球杆包裹好,再次带到邮局,这一次邮局女局长同意帮他邮寄.琼斯先生并没有弄短球杆,当然他花了足够多的时间来包裹它.他是如何让那根球杆通过邮局女局长的审查的呢?

6

一个移动问题

下面的图片描绘了一个樱桃和一个用火柴棒搭起来的玻璃杯.当然,你可以把樱桃拿起来,再将它放进玻璃杯,但这样做实在太容易了.你所要接受的挑战是:如何仅仅移动两根火柴棒就能将樱桃放入玻璃杯.

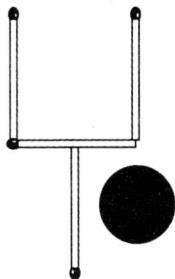

7

圣诞卡的秘密

去年 12 月,王冠和灰狗(The Crown and Greyhound)酒店向外出售圣诞卡.这些卡片可以单独购买,而且理论上你可以买你想要的任何数量的卡片.除此以外的组合中,许多顾客买的卡片的张数是 5 的倍数:很多人买 5 张;有些人买 15 张;还有些人买 20 张.但根本没有人买 10 张卡片,这令人很奇怪.除去偶然事件,你能够就这种现象给出一个合理而简单的解释吗?

8

有结还是没结?

马丁(Martin)找到了一根旧绳子.

"帮我抓住绳子的一端,用力拉."他对休(Sue)说.

"别傻了."休回答说,"这里会变成一个结的."

"它不会的."马丁说.

"你怎么知道呀?"休问.

"那当然!"马丁说.

马丁说的正确吗? 如果你拉着绳子的两端打开会有结吗?

9

打字机故障*

Dear Mum,(亲爱的妈妈)

Thanks for sending me your old electronic typewriter. It's great except for a strange little problem with the daisy wheel. Every time I type the letter z ju tubsut up hp gvooz. K owuv igv kv hkzhg zlir M gsqi lsqi.(非常感谢你送给我一个旧电子打字机.它除了其中的菊花轮有点奇怪的问题以外其他都非常好.每当我打了字母 z……)

Psxw sj pszj,

Xzk

谁寄了这封信?

10

公交车上的小测验

在乡村的公交车上,所有的费用无非是 1 英镑或 70 便士.昨天 P 太太在收车票的盘中放了 1 英镑,司机给她一张 1 英镑的票.然后 Q 太太也往收车票的盘中放了 1 英镑,司机问她:"你是想要 1 英镑还是 70 便士的票?"这个司机以前从来不认识以上的两位太太,为什么他对她们会有不同的反应?

河 边 游 戏

　　有一家人在离河岸边不远的点 X 处郊游.玛丽亚(Maria)已经去用铁罐装了一些水,但是她突然忘了自己的任务,她想走到点 Y 处采点野花回去.

　　"水在哪里呀?"华生(Watson)太太喊道."没有水我没办法烧茶!"玛丽亚立刻放下她的花,跑回河岸边,将铁罐装满水,再跑到她妈妈那里.如果玛丽亚从 Y 处到河岸边,再到 X 处走最短的路线,那么她是在河岸边的哪个地方装水的呢?

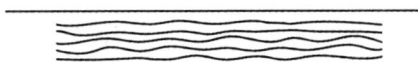

12

在募捐长跑中快跑

　　这是安吉拉(Angela)第一次参加3英里募捐长跑,她发现这还是需要一点毅力的.事实上,她已经跑完2英里了,正当她看表时,她对自己说(气喘吁吁地):"我的平均速度只不过是一小时4英里.天哪,这次我想平均每小时跑6英里.我必须得快点了."

　　为了使整个长跑过程中她的平均速度是6英里/时,她在接下来的一英里中的速度应该是多少?

13

熊面对的真相

"你还在旅行吗?"图弗(Tuffer)问道.

"是的,妈妈."维布什(Wimpish)回答道,"我花了一个星期在一个令人愉快的地方,远离喧嚣,非常宁静.你也许无法相信,无论我面向何方,我都面对北方!"

"这让我想起了我的上一次旅行."图弗说道,"最后的几个早上,我都很早起床,向南步行 10 英里,然后转向东步行 10 英里,再笔直向北步行 10 英里,最终我又回到了我原先出发的地点.你也许难以相信,在我面前的是你从未见过的一只巨大的熊,所以我向它开了枪."

维布什是在哪里进行他的旅行,并且图弗开枪射的熊是什么颜色的呢?

14

神 奇 的 豆 子

著名的艺术家和科学家列奥纳多·达·芬奇(Leonardo da Vinci)在他的一本笔记本中记述了以下的小窍门.(为了了解这个小窍门,你需要一些简单的道具,比如豆子.)

在两只手上分别放上相同数量的豆子.从右手上移 4 粒豆子到左手.数一下右手上剩下的豆子数量,然后把它们扔掉.再扔掉左手中与刚才扔掉的相同数量的豆子.最后你再拿起 5 粒豆子.你现在一共拥有 13 粒豆子.

事实上,最后的豆子数量和你一开始所拿的豆子数量没有任何关系,你总是在最后一共拥有 13 粒豆子.为什么呢?

15

五边形的秘密

如何在一长条的纸上通过打结来作出下图所示的规则五边形?

16

狼、山羊和卷心菜

一个男人想带一匹狼、一只山羊和一大袋卷心菜划一条小船过河,但是他不能一次将它们全部带过去,因为那条船只能装得下他,还有狼、山羊及卷心菜这三者中的一个.并且他不能让山羊和卷心菜单独留下,因为山羊会吃掉卷心菜,而且当然他也不能让狼和山羊单独留下,因为狼很饿,可能会吃掉山羊.那么这个男人如何将所有的东西都带过河,而不丢下卷心菜或者山羊呢?

17

露天市场的圆盘

珍妮特(Janet)从一个大轮子甲开始转,同时,巴里(Barry)从一个快速旋转体乙那里开始转,希拉(Sheila)从一个旋转体丙那里开始转.大轮子甲每 10 秒转一圈,快速旋转体乙每 7 秒转一圈,旋转体丙每 8 秒转一圈.

如果这三个孩子都从各自骑的旋转体的末端,即同一直线上开始转,那么经过多少时间,才能让他们再次处在同一直线上?

18

不寻常的亲戚

"今天下午我看见爸爸的女儿的女儿的唯一的表兄弟姊妹的父亲,"加里(Gary)谈论道."不得不承认,他是个令人愉快的人,非常聪明,而且带着快乐的表情."

谁是这个不寻常的亲戚,并且加里是在哪里看见他的呢?

19

恐 惧 的 乌 鸦

一天早上,一群乌鸦把农场主贾尔斯(Giles)的大麦地弄得一片混乱,所以他拿起枪,向它们射击.当然他没有射准,但是一半乌鸦飞走了,然而其中的十只乌鸦很快飞回来了.

那天的晚些时候,他又出去射击乌鸦.一半乌鸦都飞走了,然而其中的十只乌鸦又很快飞回来了.

那天晚上他依然射击乌鸦.一半乌鸦都飞走了,然而其中的十只乌鸦还是很快飞回来了.当他数乌鸦数量的时候,他发现——令他反感的是——这里依然有着和早上一样多的乌鸦.

大麦地里一共有多少只乌鸦呢?

20

零 用 钱 难 题*

"我打算增加你的零用钱."斯特里特(Street)先生对他儿子杜格尔(Dougal)说,"但是我给你两个选择.如果你能告诉我哪种选择对你有利,那么我会按你的选择增加你的零用钱.但是如果你不能告诉我哪种选择对你有利,我根本不会增加你的零用钱.你明白吗?"

"好的,爸爸."杜格尔彬彬有礼地说.

斯特里特先生继续说:"我将每周增加你三分之一的零用钱,另外每周再给你额外的 1 英镑.或者我将每周增加你四分之一的零用钱,另外每周再给你额外的 1.5 英镑.你愿意选择哪一种?"

杜格尔想了一会,然后宣布无论他选择哪一种,都毫无区别,他拿到的都是相同数量的零用钱."正确."他爸爸回答道,"所以我每周将给你增加额外的 3 英镑."

在爸爸增加杜格尔的零用钱之前,他每周的零用钱是多少呢?

21

Z 形 切 口

一个木匠需要在地板上填一个洞.这个洞是 2 英尺宽、9 英尺长.糟糕的是,这个木匠仅仅有一块 3 英尺宽、6 英尺长的木板.这块木板和洞的面积一样,但尺寸不同.

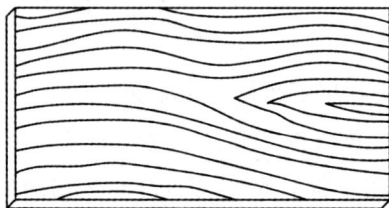

他如何将上面的木板切成两块,并且能使切好后的木板变成 2 英尺宽、9 英尺长的尺寸呢?

22

依字母顺序排列的数字

哪个整数当它作为一个单词写出来时,其中的字母是按照字母顺序排列的?

a b c d e f g . . .

23

简4，玛丽1

　　布赖恩(Brian)有两个他一样心爱的女朋友,所以很自然地他想和其中每个约会的频率都相同.为了避免作艰难的抉择,他宁愿站在站台上,随机等待哪部列车先来.简(Jane)住在列车路线的前方,玛丽(Mary)住在列车路线的后方,他知道向前方开的列车和向后方开的列车都是每隔十分钟开一班.

　　不幸的是,他的计划失败了.他发现每当他约会四次简的时候,他才约会玛丽一次,以至于玛丽非常心烦,决定和他分手.

　　为什么他的巧妙的计划失败了呢?

24

镜 子 代 码

THIS PARAGRAPH CONTAINS A SECRET. THERE IS A SPECIAL WORD. IF YOU TURN THE PARAGRAPH UPSIDE DOWN AND LOOK AT IT IN A MIRROR, THE SPECIAL WORD WILL MIRACULOUSLY BECOME, AS IT WERE, DECODED WHILE EVERY SINGLE OTHER WORD, INCLUDING 'ZYGOL', WILL HAVE BEEN SLIGHTLY MESSED UP. CAN YOU FIND THE SPECIAL WORD (WITHOUT USING A MIRROR)?

这一段话包含了一个秘密.这里有一个特殊的单词.如果你把这一段文字上下颠倒,放在一面镜子前看它,神奇的是,那个特殊的单词似乎未变,而每个其他的单词,包括"ZYGOL",都发生了变化.你能发现那个特殊的单词吗(不用镜子)?

$\mathcal{25}$

乘 电 梯

黛比(Debbie)住在一幢高层大楼的第十六楼.平常她会和珍妮特(Janet)一起出去,但是某一天她独自出去了.她乘电梯到了一楼,然后上了公交车.在她回来的时候,她乘电梯仅仅到了五楼,然后步行到了十六楼.电梯没有出故障,而黛比也的确宁愿乘电梯也不愿走那么长的路.她那天奇怪行为的合理解释是什么呢?

26

长 途 旅 行

哈里·霍皮特(Harry Hoppit),著名的独立飞行员,在伦敦家中计划他下一次乘坐水上飞机的飞行."也许我可以先飞到北极."他看着窗外汉普斯特得山,大声地说道.

"另外,我可以经过美洲."他望着远处威斯敏斯特修道院和泰晤士河,自言自语道.

"你为何不制定一条最短的路线呢?"他的合作伙伴珀尔塞福涅(Persephone)问道.

"这都一样."他回答道,"当我要远行时,差几公里有什么区别呢?"他继续自言自语,"也许我该再飞到印度……"

哪里是霍皮特的目的地呢?

27

一次不寻常的打赌

珍妮特(Janet)只带了 5 英镑在身上,她想到当地电影院里去看 10 英镑的电影.她对她哥哥说:"我和你赌 5 英镑,如果你给我 10 英镑,我就给你 15 英镑."

她哥哥想了一会儿,然后同意和她打赌.

他这样做明智吗?

28

电动扶梯难题 *

当华生(Watson)先生感到很懒散的时候,他宁可站在电动扶梯上,让它花 40 秒时间载着自己到顶部.当他感到有一些体力的时候,他宁可在电动扶梯上每一秒钟走两步,这样他到达顶部所花的时间只是他仅仅站在电动扶梯上到达顶部所花时间的一半.

电动扶梯有多长呢? 另外,在任何时候电动扶梯上有多少台阶能被看到呢?

29

火 车 接 力 *

下面的图表示不幸的情景:两列火车发现彼此在同一线路上相向而行.那两个驾驶员面临的问题是:如何在没有援助但有一条仅可以停放一节车厢或一个火车头的支路的情况下,让彼此通过?

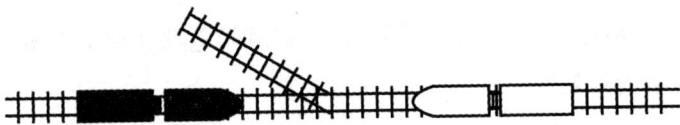

每列火车只有一节可以运行的车厢,而一节火车可以临时钩住另一节火车,并被这节火车拉着或推着走.

你将会如何给驾驶员提建议呢?

30

水 位 上 升

保罗(Paul)叔叔和侄女萨莉(Sally)在观察一艘停泊在海港的班船."看那架悬挂在船一头的梯子."他说,"水已经只离梯子的最高处五个横挡了.涨潮时就会超过梯子的最高处了."

萨莉大笑.她是怎样立即知道叔叔在骗她的呢?

31

展销会上的奖品 *

四个女孩在教室的后面比较她们在展销会上所赢的奖品数量.

"我比你多一件."伯妮斯(Bernice)说.

"我比你多两件."一个女孩对另一个说.

"我比你多三件."一个女孩对另一个说.

"我比你多四件.""我比你多五件.""我比你多六件."她们大声地说着.但是我们并不知道到底是谁在对谁说.

如果她们一共拿了 27 件奖品,那么伯妮斯赢了几件奖品呢?

_32_

边 界 线 问 题

"西班牙和葡萄牙的边界线有多长呀?"帕梅拉(Pamela)天真地问.

"根据我们上个假期用过的西班牙地图,它是 987 千米."她爸爸回答.

"但葡萄牙人不同意."她妈妈说,"他们说它有 1 214 千米长."

"我想他们都错了."帕梅拉说,"我想根据我的小尺,"——这时她在空中挥舞着她学校里的直尺——"我可以准确地测量它,它有 2 000 千米长."

"别傻了."她爸爸回答.

"继续做你的家庭作业."她妈妈说.

谁是正确的呢?

33

覆 盖 棋 盘

　　下左图是一个棋盘和一些多米诺骨牌.每张多米诺骨牌正好可以覆盖棋盘的相邻两格,显而易见,你可以用 32 张多米诺骨牌来覆盖棋盘总共的 64 格.

　　下右图是除去左上端和右下端各一格,其他部分与左图都相同的棋盘.用 31 张多米诺骨牌来覆盖下右图中的棋盘,且每格只被覆盖一次,这可能吗?

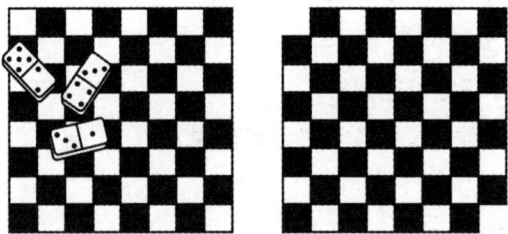

34

玻璃杯和硬币

　　拿出一枚 5 便士的硬币,把它放在桌布上.然后拿一个玻璃杯倒扣住硬币,但杯口被搁在两枚厚的硬币上,比如 10 便士的硬币.玻璃杯和桌布之间的间隙大到足够可以让中间的硬币自由移动——唯一的问题是,你不可以用刀片或者一张长条纸片将它推出去.当然,你不可以用任何方法碰到中间的那枚硬币,也不能碰到那个覆盖硬币的玻璃杯以及支撑玻璃杯的两枚硬币!

　　你怎样将中间的硬币移出玻璃杯呢?

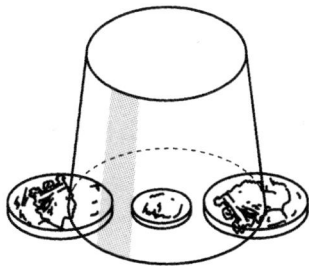

35

基 本 规 则?

"华生(Watson),我想示范一个推理的基本规则.赫德森(Hudson)太太,请你加入我们.我这里有三方手帕:两方是白色的,一方是蓝色的.现在请你们俩闭上眼睛,我将在你们每个人的头上放一方手帕.我将藏起第三方手帕,因此你们并不知道它是哪一方.你们能判断自己头上的手帕是什么颜色的吗?"

他们都按要求做了.

"好了,赫德森太太,睁开你的眼睛.你能告诉我你头上的手帕是什么颜色吗?"

她摇头.

"那么现在华生,从赫德森太太所说的,我想你一定能够告诉我你头上的手帕是什么颜色了."

"福尔摩斯(Holmes),但她什么也没有说呀."

"的确如此."

华生头上的手帕是什么颜色呢?

36

跳 跃 的 蛙*

下图中,左面有三只黑蛙,右面有三只白蛙,中间有一个空位置.你所要做的是通过移动和跳跃使黑蛙与白蛙互换位置.

你只能滑动一只蛙到它相邻的空位置,或者使一只蛙跳过另一只蛙到空位置.如何用尽量少的步骤来移动那些蛙呢?

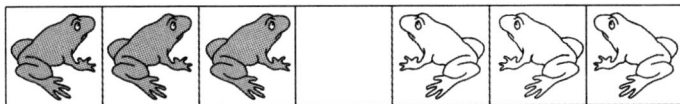

37

刀子架起的桥梁

拿三把餐刀,在桌上分别隔一把半刀的长度放三个平底大玻璃杯,组成一个三角形.

然后尝试仅仅用三把刀在平底大玻璃杯上搭桥,并且桥的强度要足够大,能使第四个平底大玻璃杯安稳地放在桥的中央.

38

额外的正方形在哪里？

这是由 12 根火柴组成的三个正方形.你如何通过移动 3 根火柴来创造五个正方形？

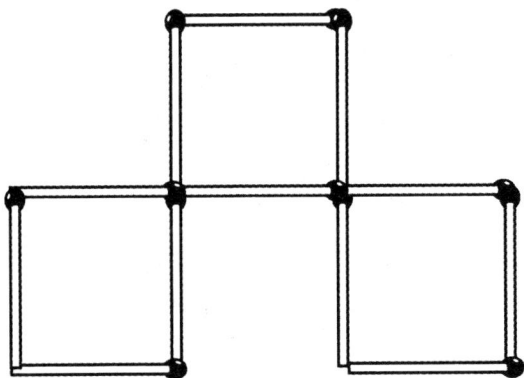

39

旋 转 的 时 钟

这里有一个时钟.就如你所看到的,所有的数字都被移走了.还有一个问题就是,钟并没有放在正确的位置上.

有可能说出正确的时间吗?

40

摔了个跟斗

杰克(Jack)和吉尔(Jill)正在花园的屋顶棚上爬,但因为屋顶不牢,所以这个行为是被严令禁止的.确切地说,一根梁折断了,他们从屋顶上摔倒到下面的麻布袋上.吉尔摔得脸上有一大块污迹,但是杰克却很快地去洗自己的脸.为什么?

41

隧 道 电 线

工程师已经在斯普格河下面挖掘出了一条隧道,鲍勃·屈福斯(Bob Truffles)沿隧道铺设了四条电缆.不幸的是,那四条电缆看起来完全相同,而且它们绕在一起,以至于很难分辨出它们各自是哪条.鲍勃可以沿着隧道解开电缆,但他想了一个更好的办法将它们挑选出来:他的计划是在隧道的一端把两条电缆接在一起,标好 A 和 B,然后在另一端将它们接上电源,看哪两条电缆可以组成一个闭合电路.第一次测试仅能明显地告诉他哪两条电缆是"A 和 B"或者"B 和 A".用这种方法,他至少需要几个步骤才能把这些电缆分清楚?

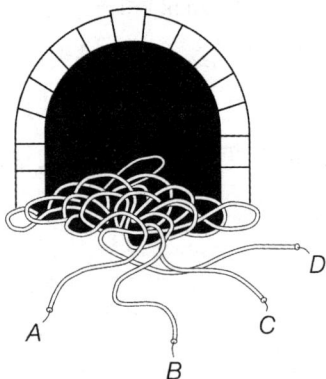

42

H 和 T

琳达(Linda)用 16 枚硬币组成一个正方形,交替地放置硬币,显示出 H(硬币正面朝上)和 T(硬币底面朝上),如下图所示."你所需做的就是重新放置这些硬币,使得第一行都是 H,第二行都是 T,第三行都是 H,最后一行都是 T."

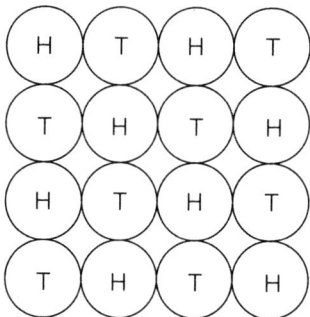

"如何解决呢?"戴维(David)问道.

"哦,对了."琳达说道,"我差点忘了! 你只要移动其中的两枚硬币就可以了."

戴维考虑了一会."有窍门吗?"

"嗯,也许吧.想想我的规则."

那么什么是最巧妙的办法呢?

43

农场主的遗嘱

　　当农场主琼斯(Jones)死的时候,他把其中包括农庄的四分之一土地留给了他妻子,剩下的呈"L"形的土地平分给他的四个儿子,前提是这种分割能使分得的四部分尺寸与形状都相同.

　　如果他的儿子们无法按照这个前提来分割土地,那么所有的农场全归他妻子所有.他的儿子们将如何分割土地呢?

44

达到或超过 100

彼得(Peter)与玛丽(Mary)在玩一种游戏.他们轮流开始,轮流游戏,每一轮他们叫出一个 1 到 10 之间的整数,并将每一轮报的数都加起来.第一个使数的总和达到 100 或超过它的人就是失败者.

彼得先开始游戏,并叫了"7".如果玛丽要确定赢得比赛,她将叫什么数字?

45

六个平底大玻璃杯

　　汤姆(Tom)在玩六个平底大玻璃杯.他将其中的三个装满水,另外三个空着.

　　"瞧,它们都是满的、空的,一个接一个."他说,"但我能把它们变为三个满杯,接着三个空杯."

　　就这一点,他妈妈确信他会把水洒出来,所以她把杯子都拿走了,但实际上汤姆有一个很简单的方法,使得六个杯子变为三个满杯,接着三个空杯.那么他的方法是怎样的呢?

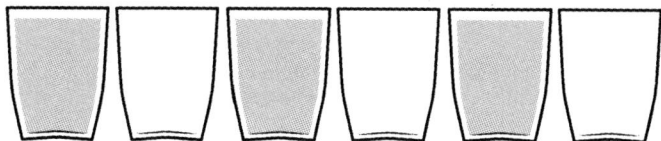

46

买 卖 商 品

"请问 1 多少钱?"

"一英镑."

"请问 2 多少钱?"

"女士,那也要一英镑."

"哦,那我要 12."

"当然可以,那要两英镑."

那个售货员在卖什么呢?

47

连 接 链 子

铁匠有五小段链子,每段都由三个链环组成.他想把这些链子连成一条长链,于是就把其中四小段的第一个链环都打开,依次接到下一段的尾部.

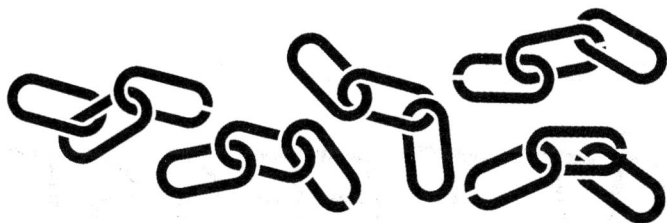

当他快要完成的时候,他的妻子走过来,告诉他有更简单的方法把这些链子连起来.你知道是什么方法吗?

48

猜 字 母

"这是什么？你在用杂乱的字母组成一个单词吗?"戴维 (David)看着安妮(Anne)手中的纸条问道.

"不是的."安妮解释说,"这是一个序列.我正在猜下一个是什么字母.应该是简单的逻辑推理,但是我还没有想到."

那么,你能推理出下一个是什么字母吗?

OTTFFSSE

49

相信自己的眼睛吗?

下面两个图形,哪一个面积更大?

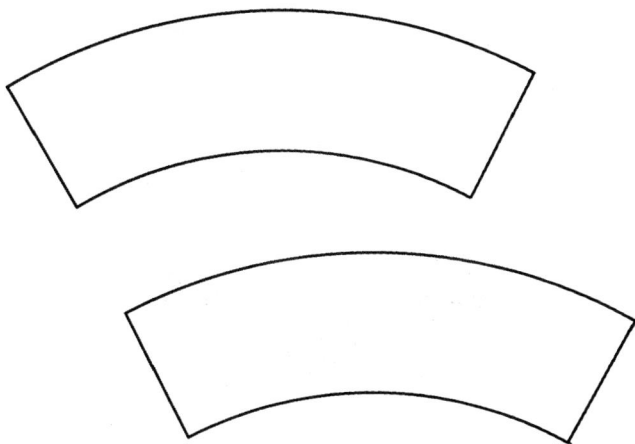

50

两个游泳池的故事

法比安(Fabian)家的后花园里有一座游泳池.邻居们都觉得这座游泳池很漂亮,但是法比安却不觉得.他一直想拥有一座比现在面积大一倍的正方形游泳池,尽管事实上现在的游泳池的四角上种着名贵的大树,而且当地立法会一直强调不能砍掉这些树.不过,法比安还是实现了他的愿望:一座比现在面积大一倍的正方形游泳池,并且没有动这四棵树.你知道他是怎么做的吗?

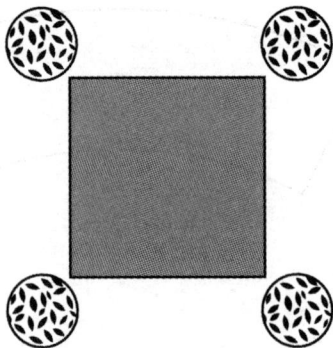

51

来自影子的启示

你是否注意到,一个物体的影子有时和物体本身的形状完全不同? 下面是同一物体在三次不同角度的光线下映射的影子.猜猜看,这个物体是什么形状的?

52

谜 语 晚 会

"噢,这个谜语的谜底有点让人毛骨悚然!"凯茜(Cathy)感慨着,大声地继续读道:"制作它的人不想要它,买它的人不用它,用它的人却从来都看不到它.它是什么?"

"这里还有一个谜语,"巴里(Barry)说,"你只能保存我几秒钟,有时你把我丢弃,但是我却伴随你一生.我是什么?"

"属于你的,你也从来不想摆脱的,但是别人用的比你自己用的多得多的,是什么?"彼得(Peter)也加入了出谜语的队伍.

"你喂它就长,但是给它水就会死掉的是什么?"

"做得越多,留在身后就越多的是什么?"

你知道这些谜语的答案吗?

53

锯　　点

"这是一个大的正方体,"休(Sue)说,"我可以把它锯成同样大小的 27 个小正方体."她指着桌上的正方体."问题是,我得锯多少次?"

"很简单."马丁(Martin)瞥了一眼正方体,回答道."你在每个面上画两条垂直线和两条水平线,使每个面分成 9 个相同的正方形.这样,你一共锯六次就可以了."

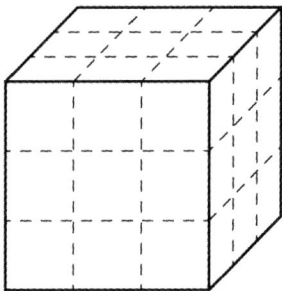

"是的,当然."休说."我忘了说,当你锯了一次后,你可以重新组合它们,以便锯最少的次数."

你认为至少要锯多少次呢?

54

帕 姆 的 聚 会 *

帕姆(Pam)和她的五位朋友正在期待着分享她的生日蛋糕,刚好这只蛋糕是六等边形的.这时,她的表妹路易斯(Louise)碰巧也来了,希望能参加帕姆的生日聚会,并一起分享她的生日蛋糕.

"没问题."帕姆的妈妈说,"我可以这样分蛋糕(如图所示),这样就分成了 9 块,我和你爸爸每人都有一块了."

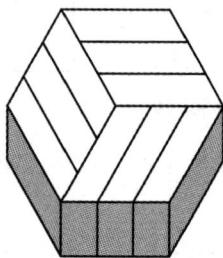

"但是,我们分到的就太少了."帕姆抱怨说,"应该有更好的办法."当然,有一个方法,可以把蛋糕分成均等的 8 块,这样,每个孩子都有一块,爸爸妈妈分享一块.那是一个怎样的方法呢?

55

你能一眼看出来吗？

障碍物下面的两条线中的一条,是上面一条的延伸,你能看出来是哪一条吗?

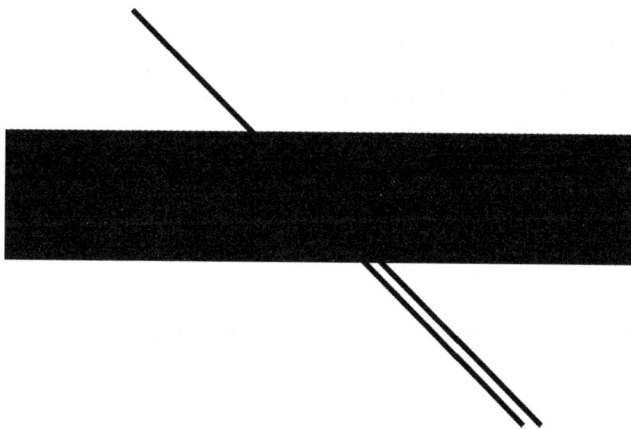

56

复　印*

"斯蒂芬(Stephen),麻烦你帮我把这份市场战略报告复印几份,呈送给中午来开会的人,让他们人手一份,然后把原件还给我."

"可是,现在已经 11:15 了,布莱恩(Brian)."

"我知道,真的很抱歉,但是一定要完成."

斯蒂芬依旧很高效地在紧急关头完成了任务.事实上,他一共复印了 159 张纸.

那么,你能估算出有多少人来参加布莱恩主持的会议吗?

57

"FOUR" 到 "FIVE" *

每次变化一个字母,并且保证它仍然是一个正确的单词,那是不难的,把"TWO"变成"SIX",如下:

TWO

TOO

TOP

TIP

SIP

SIX

所以可以经过 5 步把"TWO"变成"SIX"."FOUR"到"FIVE"则需要更多步.包括"F"在内,每个字母至少变换一次,你需要多少步才能把"FOUR"变成"FIVE"? 把"ONE"变成"TWO"又需要多少步?

58

你 能 做 到 吗?

你有一个装烘豆的那种圆柱形的铁罐.你想准确地把它的 $\dfrac{1}{4}$ 装满水,但是你没有测量仪器,而且铁罐不能用任何方法分成段(虽然只要你愿意就可以在上面划痕).你应该怎么做?

59

幸 运 的 朋 友

"我们班一位同学的阿姨赢得了民族彩票的 1 000 元奖金."戴维(David)晚餐时说.

"我们学校的一位同学,他们家赢得了 10 000 元奖金."他的姐姐说.

"真有趣,我工作中的一个朋友有一天告诉我,他的一个朋友也赢得了一笔相当可观的奖金."他们的爸爸说.

"天呀,我们知道那么多幸运的人,却不包括我们——似乎,除了我们每个人都很幸运."妈妈说.

你怎样说明他们有这么多幸运的朋友呢?

60

速　算

瓶子和塞子一共值 1.10 元.如果瓶子比塞子贵 1 元钱,那么这个塞子值多少钱?

61

这是世界上最简单的游戏吗？

　　这个游戏这么简单，以至于一组小学生一看到下面的局势，很快就发现了获胜的策略并且判断这个游戏不值得再玩．你同意吗？

END

　　游戏规则非常简单．一枚硬币可以放在棋盘的任意地方．然后对弈双方轮流把硬币从一个方格移动到另一个方格，只要在平行于棋盘的直线的方向上移动.(换句话讲,就像国际象棋中的车.)然而,每次移动,要么是向着棋盘底边的方向下移,要么是沿着左手边的方向向左移.谁把硬币移到有"END"标记的方格中,谁就获胜了.

我们现在给出的是一个典型的起始位置.现在轮到你移动硬币.你怎样移动硬币才能使对手认输?

62

旋动 "思维" 帽

图片显示,右手顺时针方向旋转螺钉,就好像把它旋进螺帽,同时,左手逆时针方向旋转螺钉,就好像把它旋出螺帽.

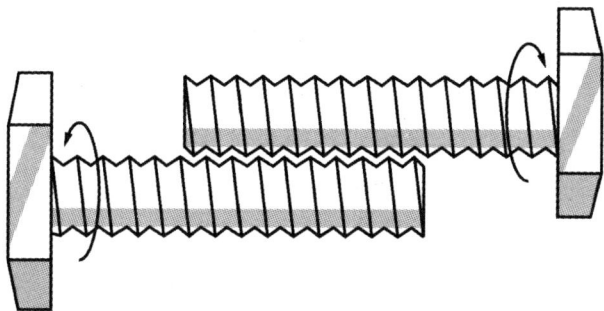

在操作时,两个螺钉一直紧密接触,所以它们不是被拉得更近,就是被推得更远,或者,也许不会被移得更近或更远.在不利用螺钉实际操作的情况下,你能预知正确答案吗?

63

观 察 垂 耳 鸦

爱德华(Edward)是一位热衷于观察鸟类的爱好者,所以,上个星期当发现一对稀有的垂耳鸦在他花园后面的树上筑巢时,他特别地激动.他在屋子后面打了个洞,每天下班回来后,就坐在洞前观察这些鸟.他发现垂耳鸦已经有了小鸟,为了喂养这些小鸟,雌鸟和雄鸟都在不停地寻找食物.这对父母分别工作,飞离鸟窝后,大概十五分钟后就带着食物回来,然后在几秒钟内就飞离鸟巢去找新的食物.但是,有个现象爱德华总是不能解释.每天,他先看到的不是雌鸟就是雄鸟,但是先被看到的鸟回鸟巢的次数总是多于离开鸟巢的次数.甚至当他早回家时,他仍旧不会看到鸟离开鸟巢直到有鸟回来.你能为这个有趣的鸟类现象作出最可能的解释吗?

64

真 与 假

在下表中,哪一个说明是真的,哪一个说明是假的?

1. 表中一个说明是假的.

2. 表中两个说明是假的.

3. 表中三个说明是假的.

4. 表中四个说明是假的.

65

亨利的狩猎队

猎狐人正在"红狮"(Red Lion)外面集合.天气湿热,几条猎犬正懒散地趴在地上打着盹.亨利(Henry)正和他的管家巴兹尔(Basil)在计划着打猎回来后的庆祝会.

"Oh, by the way, pack my box with five dozen liquor jugs. "(哦,顺便把我的五打液体水壶拿过来.)亨利正说着,突然在暗处一个黑影从矮树丛中闪出并沿着路跑掉了.

"Excuse me."(对不起.)巴兹尔提醒道,"But did you see that? A quick brown fox jumped over that lazy dog!"(你看到吗?一只速度很快的棕色狐狸跳过那只懒惰的狗!)"Action stations."(开始行动.)亨利大喊道. "Quick Baz, get my woven flax jodhpurs!"(快点,巴兹尔,把我的亚麻裤拿来.)巴兹尔拿来专用的长裤,亨利迅速穿上,随着一声"Tally ho!"他带着狩猎队追进了附近的田地.

你注意到了吗,在他们的对话中有什么有趣的现象?

66

跨 过 护 城 河

你发现了一座被遗弃的旧房子,一条护城河围着它,河水足有 4 米宽,如图所示.很自然的,你想走进这座房子,但是即使你能用助跑的方式跳过护城河进入房子,你却没办法再跳回来了.

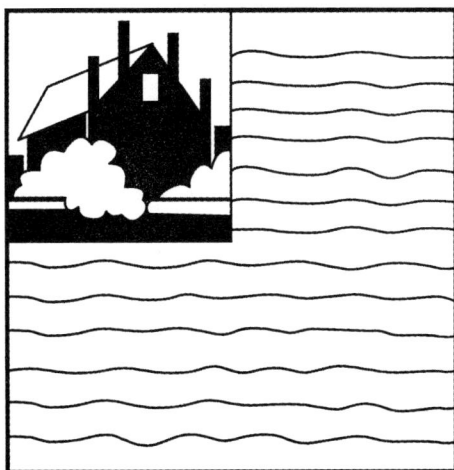

　　这时,你找到了两块厚木板,但是它们都不能直接搭在河的两岸,因为它们都比河的宽度短一点,其实就短那么几厘米.你可以把两块木板绑在一起,但是,你却没有任何工具将它们安全地绑在一起.那么,你有什么办法,在确保不弄湿脚并且没有落水危险的前提下,利用这两块木板走进这座被遗弃的房子呢?

67

机 敏 的 结 尾

只能用一个单词,并且保证语法正确,精确地完成下面的句子:

"The number of occurrences of the number one in this sentence is ..."("这句话中数字 1 出现的次数是⋯⋯")

68

填 词 游 戏*

　　将四个字母分别填入一个方格,使得横读和竖读都相同,并不难.但是你能将六个单词填入一个 4×4 的方格内吗? (如下图)

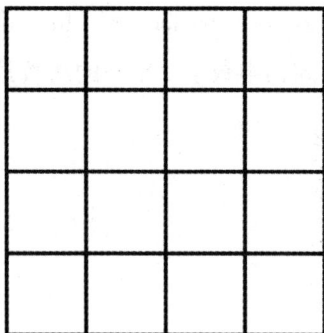

　　例如,你能将 AREA、REAR、DEED、DART、BRAT、BARD 这六个单词填入一个 4×4 的方格内吗?

69

圣诞节与生日

圣诞节过后的家庭聚会上,爸爸评论说:"我们一家人的生日看上去有些奇怪.你们注意到了吗,圣诞节正好过了一星期就到元旦了.然而,妈妈出生那一年,圣诞节是星期四,而元旦是星期一.达明(Damien)呢,两天前你还只有 8 岁,而明年你就 11 岁了.珍妮特(Janet)是非常幸运的,虽然她一过圣诞节就出生了,但是她的生日却总是在夏天."

全家都附和着.那么,这天是什么日子? 你又怎么解释这些奇怪的生日呢?

70

掰 巧 克 力

巴里(Barry)拥有一块巨大的巧克力,他想把它掰成 35 个小的正方形巧克力.然而,他一直不能确定怎么掰.他想把它先掰成 5 条,然后再将每条逐一掰开,可是他又好奇是不是能先把它掰成两个大的长方形,然后再逐一掰开.

很自然的,巴里希望尽可能少地掰巧克力.你能说说至少要掰多少次吗?

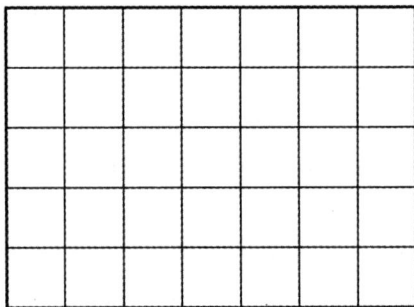

71

极点上的方位

你正在乘着雪橇在北极穿行,而拉着雪橇的哈士奇犬充满热情,以至于你轻快地划过了极点.这时,东方在你的左边还是右边呢?

72

分散的蔬菜

有一个非常合理的原因,可以把下面的蔬菜列表中最恰当的一个词填到句子中.你知道是哪一个吗?

"I do not like those people leaving _____ scattered everywhere."("我不喜欢那些人把_____分散在各处.")

(a) sprouts(豆芽菜)

(b) cauliflowers(花菜)

(c) potatoes(土豆)

(d) swedes(瑞典芜菁)

(e) carrots(胡萝卜)

73

满 桶 的 问 题

如下左图所示,你有两个普通的圆柱形桶.一个桶的容积是 3升,另一个桶的容积是 7 升.

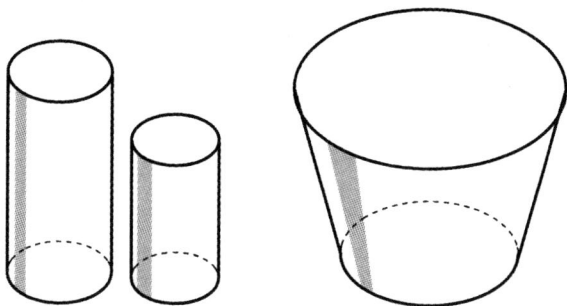

起初,它们都是空的,不过你可以利用一个无限提供水的龙头.你能只用四次,将右边的桶(上右图)中盛入 15 升水吗?

74

回弹超级球

　　克雷格(Craig)有一颗超级球——非常棒,以至于当你让它从某一高度自由落地时,它仍旧会弹回这个高度.克雷格十分好奇,如果他向一个运动的物体扔出这个球,会发生什么情况? 假设,克雷格正站在铁路线上,这时一列柴油机火车正以 50 英里/时的速度迎面向他开来(千万不要尝试!).假设这时他以 20 英里/时的速度将球径直抛向火车,当球撞击火车头并被弹回时,球将以多少时速飞向克雷格?

75

一个棘手的难题？

用字母表的最后几个字母来组成词语是困难的.在你找到足够的字母组成一个至少三个字母的词语之前,你不得不从 Z 开始倒数很长一段距离.有多远呢?

76

交 换 橄 榄

　　蒂姆(Tim)的妈妈小心翼翼地把为今晚的聚会准备的橄榄分了类,100 颗黑橄榄放在黑色的盘子里,100 颗绿橄榄放在绿色的盘子里.这使得它们看上去很漂亮.然而蒂姆并不喜欢这样,于是他背着妈妈将 20 颗绿橄榄放在黑色的盘子里.然后他将黑色的盘子里的橄榄混合,再从中取出 20 颗橄榄放在绿色的盘子里.

　　蒂姆的妈妈很生气."现在我不得不将它们挑出来.我不知道会不会有绿色的橄榄留在黑色的盘子里,也不知道会不会有黑色的橄榄留在绿色的盘子里."

　　你能帮助她吗?

77

分 配 的 土 地

布朗(Brown)先生、琼斯(Jones)先生和史密斯(Smith)先生每人分配到两块土地,如下图所示(图中 B 代表布朗先生的土地, S 代表史密斯先生的土地,J 代表琼斯先生的土地).一天,布朗先生宣布:"我决定在我的两块地之间修一条直路."

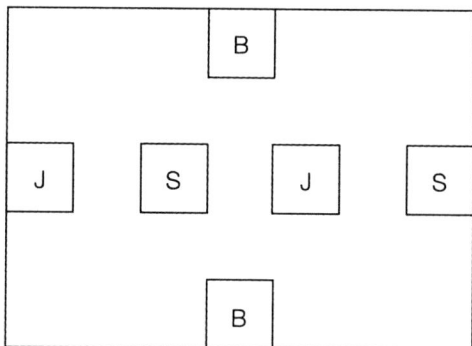

"你不能这么做!"琼斯先生抗议道,"这将挡住往返我的两块地的路,并且这将阻止我建造我自己的路!"

布朗先生没兴趣争吵并且固执己见.于是,史密斯先生向琼斯先生建议,在布朗先生有机会修建他的路之前,他们先建好自己的路.

他们这么做了,而当布朗先生开始修建他的路时,他发现自己不得不为自私付出代价.

怎样才可以用小路将他们各自的土地连起来,又不至于使这些小路相互交叉呢?

78

留 下 来 等 死

"詹姆斯·邦德(James Bond)先生,既然我已经向你展示了我控制整个世界的计划,现在是时候让我慢慢地弄死你了.我已经剥掉了你的衬衫,牢牢地捆住你,你已经不能动弹.我要把你密封在这个真空的、小得几乎放不下一只猫的房间里.这个房间是如此的密封,热量既不能进来,也不能出去.你会看到,在这个房间里我放了一台厨房冷冻机,并将它开到最大功率——同时,房间门是堵死的! 房间已经被弄到只有 5 摄氏度.再见了,祝福我吧,邦德先生."请你粗略地估计一下,在詹姆斯被冻死之前,他有多少时间来寻找逃生的办法:几分钟、几小时还是几天?

79

令人吃惊的等式

"你知道 12 加 1 和 11 加 2 的结果是一样的吗?"克莱尔
(Claire)问道.

"我知道,怎么了⋯⋯"尼古拉(Nicola)说.

"我不只是在谈论这些数字.我只用这些木块就能证明它成
立."克莱尔补充道.

有 9 块木块,每块上都有一个字母.它们分别是哪些字母?

80

有关圆领汗衫的难题

山姆(Sam)穿上了他那件破旧的圆领汗衫.不幸的是,他把圆领汗衫的里面穿在外面,后面穿在前面.通常标签是在后背的里面.现在它在哪里?

81

神秘的数字俱乐部

进入大学第一天,数学系学生德雷克(Derek)在他的文件架上发现了这么一张古怪的字条:

"我属于一个神秘的编码俱乐部.我们中的每个人都有一个特殊的整数(在 6 和 9 之间),在写下任何数字之前,我们总是把自己的特殊数字加上去.俱乐部有 10 位成员,有 6 个人的数字比我小,5 个人的数字比我大.我们每个人的特殊数字加起来是 27.如果你能说出我和其他人的数字,你就能加入俱乐部.阿切·米德斯(Archie Meades)."

德雷克感到迷惑,因为这里面有个错误.但是他错了.你能帮助他吗?

82

令人惊喜的晚餐

"亲爱的,我最近很少看到你,因此这个星期的某个晚上我会带你出去吃饭,但是具体是哪个晚上,将会是个惊喜."安德鲁(Andrew)在星期一早上说道.

"那太好了,"珍妮(Jenny)说,她马上试着算出安德鲁会选哪个晚上.

"那么,不可能是星期五."她认为,"因为到了星期五早上我们还没有出去吃过饭,那么一定就是星期五晚上出去吃饭了,所以这就不是一个惊喜了.既然不是星期五,那就意味着也不可能是星期四,因为在星期四早上我将会知道今天晚上会出去吃饭.但是如果不是星期四或者星期五,那么同理星期三也不会是个惊喜……星期二也不会……今晚也不会……他根本就没打算带我出去吃一顿惊喜的晚餐,这只是一个谎言.典型的谎言!"她的逻辑看上去没有问题.

但是当天晚上当她回到公寓时,自动应答录音电话机里有一条安德鲁的留言:"珍妮,关于那顿晚饭:今天晚上去唐杜里餐厅怎么样?"

珍妮感到迷惑.她的推理错在哪里呢?

83

互相接触的五个硬币

"你能摆放四个硬币,使它们每个都能碰到另外三个硬币吗?"彼得(Peter)问.

"我肯定可以."他的伯父回答.

"如果那样,还不够."他补充道,"我能摆放五个硬币,使它们每个都和另外四个相接触."彼得安静地思考着.

你能想出如何摆放四个硬币,使它们每个都和另外三个接触吗?同样的条件下,五个硬币呢?

84

找 出 差 异

美洲豹和印度豹想比比谁的速度更快.

"100 步外有一条小溪,我和你比赛谁先跑到那里."印度豹说.

他们进行了比赛,当印度豹跨过小溪时,它领先美洲豹 10 步.

"我跑得比你快多了."印度豹说,"我说,我们再比一次吧,不过这次你从老地方开始跑,而我从你后面 10 步远的地方开始跑."

美洲豹同意了,于是他们以相同的速度又比了一次.这次谁会赢呢?

85

整　理

诺瓦尔(Knowall)先生的孩子们使用他喜欢的一套百科全书来完成他们的家庭作业,但是同往常一样,孩子们没有将这些书按从小到大的序号从左到右摆放.事实上,它们被摆放得很混乱.

⑦③⑤④⑨①⑩⑥②⑧

诺瓦尔先生想把它们按顺序放回去,但是,因为每一册都很重,所以他想尽可能地从书架上少拿书.如果从书架上拿一册,并将其中一些剩下的书推到一边,替代被拿走的那册书的位置,然后将拿出的那册书放回书架算作移动一次,他最少需要将书移动几次?

86

制图员的难题

这里有一件物体的前面、上面和侧面的视图.你能画出它的草图,或是描述它吗?

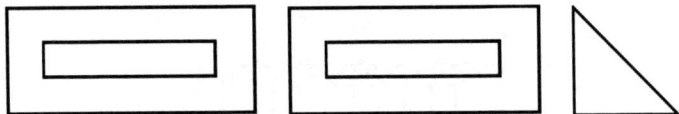

87

劳驾,男孩们

迈克(Mike)和梅尔夫(Merv)的工作是在火车站外给人擦鞋.为了擦亮皮鞋,他们首先给鞋子涂上光亮剂(需要一分钟),然后把鞋子擦亮(三分钟).最后一班火车 8 分钟后开,而他们准备结束一天的工作,这时来了三个顾客.迈克和梅尔夫能够擦完鞋同时赶上火车吗?

88

老 麦 当 劳

老麦当劳(Mac Donald)有一个农场.在农场里有……

一个动物名字中的字母数是它小时候的一半.

一个动物名字中的字母数比它长大以后少.

一个动物名字中的字母数是它的复数形式的一半.

一个动物名字中的字母数和它复数形式中的一样多.

同时它们所有的元音是 E—I—E—I—O(尽管不是按这个顺序).这些动物分别是什么?

89

怎么会这样?!

　　山姆(Sam)出来看他父亲玩板球,但是他对看父亲挥舞球棒完全没有兴趣,因此他骑上自行车,想在场地上按照箭头所指的逆时针方向骑行一圈.

　　五分钟后他回到了出发点.有趣的是,在整个骑行过程中,他从来没有左转过.他怎么做到的?

90

来来往往的公交车

史密斯(Smith)女士开车上班平均需要 1 小时,平均每次同方向要超过 8 辆公交车(都是 52 路公交车,这是这条线路上唯一的公交车),同时在反方向会遇到 16 辆公交车.

这些公交车的发车间隔是多久?

91

奇怪的打字机键盘

当打字机被发明的时候,出现了一个问题,那就是按键会相互干扰.为了减少出现这种情况的机会,打字机专利权的所有者将键盘上的字母混淆,以减慢打字员的速度.这就是为什么最上面一行字母是 QWERTYUIOP 的原因.现在我们有了电脑,似乎我们可以有更切合实际的键盘字母排列,但是世界上已经投资了这么多钱在 QWERTYUIOP 上,以至于看上去我们不得不一直使用它.但同时,这也意味着一个经典的老问题仍然有效.你能找到一个 10 个字母组成的词语,这个词语只使用打字机键盘最上面一行的字母(不必全部使用)吗?甚至,你能找到 3 个这样的词语吗?

92

谁 干 的?

就在查利·斯诺德(Charlie Snod)即将被审判前,警察从一个声名狼藉的叫亨利·范·艾克(Henry van Eyck)的人那里得到一张纸条.纸条上是这么写的:

"正在关注涉及查利·斯诺德的案子,关于这个案子有 6 点陈述:

1. 事实是这条陈述和第一条正确的陈述后面的那条陈述,不全是正确的.

2. 如果你将第一条错误的陈述的序号加到第二条正确的陈述的序号上去,你将得到一条陈述的序号,而这条陈述正确与否和第一条陈述一致.

3. 我恐怕第二条陈述是个彻底的谎言.

4. 要么查利·斯诺德是清白的,要么我是荷兰人(或者两者都是).

    5. 这6条陈述中,至少一半是正确的.

    6. 我的同伙为这次犯罪负责.

亨利·范·艾克."

令人吃惊的是,他所说的都成真了.谁干的?

93

坏 掉 的 线 路

办公室里的电话铃响了:

打电话来的人:请问贾丁先生在吗?

秘书:你叫什么名字,先生?

打电话来的人:Paten.

秘书:对不起,这条电话线路坏了.请你再说一遍.

打电话来的人:Paten.Pluto(冥王星)的 P,Adolf(阿道夫,姓名)的 A,Tummy(胃)的 T.

秘书:先生,什么的 T?

打电话来的人:Tummy 的 T,Elephant(大象)的 E,Nose(鼻子)的 N.

依照传统看法,这段对话表明这个秘书不是很聪明.为什么?你同意吗?

94

茶 点

华生(Watson)女士从烤箱里拿了
6个热气腾腾的美味小圆面包给孩子们
做茶点,或者她就是这么想的.当她再去
看这些面包的时候,它们中的一个已经
不见了."够了!"她冲埃玛(Emma)和皮帕(Pippa)喊道,"现在你
们不能再吃了! 我会一个人把它们全吃掉!"

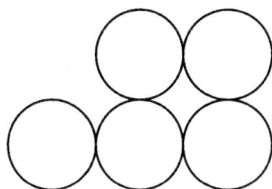

然后她忽然不说下去了;她可不想吃下5个她不需要的面包
后体重增加."还有一个办法,你们做一份特殊的家庭作业! 如果
你们能想出不将这些面包移出盘子,只用笔直的一刀将它们平均
分成两份的方法,就能把这些面包当作你们的茶点.否则,给菲多
(Fido)吃!"

埃玛和皮帕做到了,事实上他们每人找到了一种分割面包的
方法.他们怎么做的?

95

关于啤酒杯垫的打赌

"我和你赌 5 块钱."加里(Gary)对马里安(Marian)说,"如果我们轮流在桌上放啤酒杯垫,从我开始,而你将是第一个不能再在桌上放啤酒杯垫的人! 当然,"他补充道,"这些杯垫不能相互重叠,也不能从桌子边上掉下去."

这些啤酒杯垫都是圆形的,且尺寸一样,桌面是长方形的.

加里准备怎么赢下这个赌局?

96

杯子在欢呼

分发圣诞节饮料的时候到了,但是斯科奇(Scrooge)不情愿做这项交际活动,所以每年他都尽可能地拖延时间.今年,他用所有的饮料杯给客人们出了一道难题.

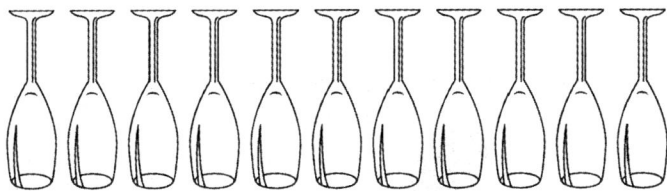

"在我们享用杯子里的饮料之前,"他对聚集在一起的客人说,"我请你们做道题目.你们必须用适当的方法将这些杯子翻过来,每次只能翻转 3 个杯子.每翻 3 个杯子,算一次步骤.你们必须尽可能用最少的次数来做这件事.需要多少次? 嗯?"

客人们怎样才能喝到饮料呢?

97

阿尔夫的难题

有四张卡片.每张卡片的一面都有一幅冷饮的图片,而另一面写着口味."我认为每张一面有雪糕图片的卡片,它的另一面都有'巧克力'的字样."阿尔夫(Alf)说.要证明阿尔夫说的是正确的,你必须将哪些卡片翻过来?

98

加 法 诡 计

查尔斯(Charles)决定考一考他爸爸."请任意写下一个七位数,然后在第一个数下面再写另外一个七位数."他的爸爸这么做了.

"现在我将再写个数字,然后我想你再写一个,我再写第二个."查尔斯说.以下是结果:

爸爸的第一个数字: 7 258 391

爸爸的第二个数字: 1 866 934

查尔斯的第一个数字: 2 741 608

爸爸的第三个数字: 5 964 372

查尔斯的第二个数字: 8 133 065

"好了."查尔斯说,"我打赌我能在 5 秒钟内将这些数字加起来."

"胡说,即使用计算器你也不可能做得这么快."他的爸爸说.

但是在 3 秒钟内,查尔斯已经写下了这个加法算式的答案,是 25 964 370.他怎么做到的?

99

店 名 映 象

　　站在商店橱窗前的街道上,我能在商店的玻璃窗上看到用镀金字母做成的商店名字,同时我也能看到它映在商店里面的镜子上.我在镜子里看到的商店名字是正的还是反的?

100

大祸临头的猫

很不幸,西比尔(Sybil)——军官的猫——选择了停在营地外的大坦克中的一辆,在它的履带上睡觉.不幸的是,随着履带移动的声音,军事演习开始了,坦克开始启动并以每小时 10 英里的常规速度前进.这只猫很聪明,意识到它即将被压扁,但是它太昏昏欲睡了,没想到最好的策略就是跳下去,反而开始沿着履带往后跑.西比尔跑得多快才能免遭不幸?

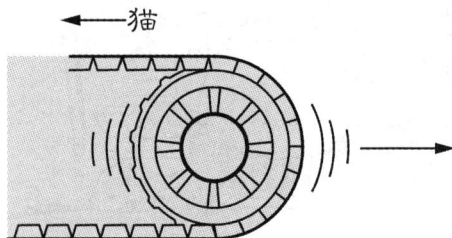

←—猫

101

猜 名 字

彼得·希金斯(Peter Higgins)在大街上散步时撞见他的一个老朋友."嗨,1982年毕业以后我就再也没有见过你,也没有你的消息!"彼得说,"你怎么样了?"

"嗯,1989年我和一个你不认识的人结婚了.这是我们的女儿."朋友说,这个朋友牵着一个小女孩的手.

"你好,你叫什么名字?"彼得对小女孩说.

"和我妈妈的名字一样."

"啊,你叫简(Jane)."彼得说.

彼得是怎么知道的?

102

冰激凌是美好的

"谁想要冰激凌?"史密斯(Smith)女士问道."我们都想要."彼得(Peter)说.于是史密斯女士开始将这块正方体形状的冰激凌明显地切成相等的 3 部分."哦,不! 讨厌!"加里(Gary)叫道,"我们总是用讨厌的老套的分法,我们想要一些不同的.""是的,让我们来些新鲜的."威廉(William)说,他没有意识到他在重复加里所说的.

史密斯女士想了一会儿,然后将这块冰激凌切成 3 块,正好切完整块冰激凌,切成同样形状的 3 块,看上去和通常的切分方法完全不一样.

她是怎么做的?

(提示:除非你有超能力可以在脑海里看见东西,否则还是用干酪做实验来切割会有帮助——稍后你还可以吃掉干酪.)

103

时 间 旅 行

几年前,古怪的冒险家巴特·卡拉瑟斯(Bart Carruthers)决定驾驶他的小飞机独自环绕地球.他在3月1日中午离开伦敦,途经开罗、香港、夏威夷、纽约,最后穿越大西洋.3月31日中午他结束这次马拉松旅行回到伦敦.他没有记日记,因此为了记下旅程的时间,他仅仅记下了整个旅程中夜晚的次数.是多少呢?

104

两种情况下的 T

有人给塔尼娅（Tanya）和塔姆辛（Tamsin）出了下面这道谜题.

字母"t"在这个谜题中出现了多次并且在答案中也出现了.问题是，"t"在这个谜题以及答案中具体出现了几次？

(The letter "t" appears many times in this little riddle and also appears in the answer. The question is, exactly how many times in total does "t" appear in this question and its answer?)[①]

两个女孩写下了她们的答案——用词语表示的数字.两个答案都是正确的,尽管这两个答案是不一样的.这两个答案是什么？

---

① 由于解答此题需要参照原文,故此处加入了原文.——译者注

105

不确定的立方体

马克(Mark)在学校里做了个立方体,并且在立方体的表面上写了一些数字.这里有立方体的三个视图.正如你所看到的,其中一个视图只看到前面的一面,上面的数字是 1.

4 的对面是什么数字?

解　答

1. 解答:

答案并不是大约四英寸.事实上,这两张书签非常靠近.

以下的图显示了这两张书签放在书架上时它们看起来的位置.

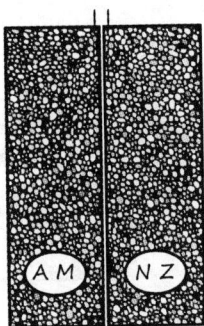

那些书签可以放在第一册的最前面和第二册的最后面.因为土豚(aardvark)是在第一册的前面,而斑马(zebra)是在第二册的后面,这两张书签彼此非常靠近,仅仅被两册书的封面隔开.

2. 解答:

马丁错了.旋转的硬币转了整整一圈,虽然它仅仅移动了半圈的距离.在下面的图中,A、B 两点相距的四分之一圆弧和 A、C 两点相距的四分之一圆弧相等,当从点 B 旋转到点 C 的时候,硬币经过半个圈的旋转后已经上下颠倒了.当从点 D 旋转到点 E 的时候,硬币将再次上下颠倒,而和右面的硬币图像位置一样了.

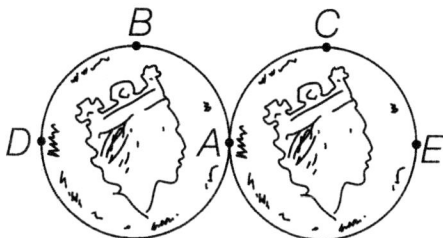

3. 解答:

事实上,这个小测验里缺少的单词就是单词"quiz"(测验).这 6 个词语正好用到了字母表中的 26 个字母.(单词中包含全部 26 个字母的句子称为全字母短句.)

4. 解答:

她打开的是贴有混合饼干标签的罐头.假设她打开这个罐头,看到的是浓茶饼.由于标签是错误的,所以这个罐头本应该贴有浓茶饼干标签.这就意味着贴有消化饼干标签的罐头应该装有混合饼干,因此贴有浓茶饼干标签的罐头必然装有消化饼干.以上的逻辑推理过程同样也适用于她打开贴有混合饼干标签的罐头时,发现的是消化饼干的情况.

5. 解答:

琼斯先生将包裹打成长方体形状,并把球杆放在对角线的位置,这样邮局所丈量的包裹长度在 1.5 米以下,包裹的宽度与深度也符合要求.

当然,如果量这个包裹对角线的长度依然和球杆的长度一样,但是邮局的邮寄规则里并没有规定物品对角线的尺寸.

6. 解答:

可以按照下图中仅移动两根火柴的过程演示,这样樱桃看起来就好像在玻璃杯的内部.

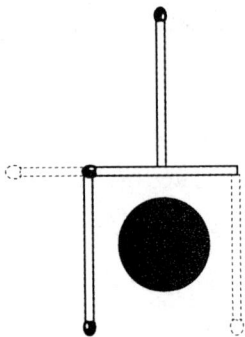

7. 解答:

这是个真实的故事.这是笔特别的交易:买 10 张卡片可以免费送 1(或 2)张卡片.这就意味着没人会买 10 张卡片,因为他们用同样的钱可以多得 2 张卡片.这笔交易是每张卡片 50 便士或者12 张卡片 5 英镑.所以买 5、15 或者 20 张卡片要比买 6、16 或者21 张卡片便宜,买 10 张也并不比买 11 张甚至 12 张卡片更便宜.

8. 解答:

这根绳子不会有结.拉动绳子的右端,它首先变成下图的样子:

然后变成这样:

最后它就变成一根完整且没有结的绳子了.

9. 解答:

休寄了这封信.每当打字机敲出字母"z",打字机的菊花轮就向前移一位.在信中 z 出现了六次,所以菊花轮总共向前移了六次.这封信的末尾原本应该如下:

Every time I type the letter z it starts to go funny. I must get it fixed when I come home. (每次我打字母 z 时就变得很有趣.回家我得修理一下打字机了.)

Lots of love,(非常爱你的,)

Sue. (休.)

10. 解答：

P 太太丢下的 1 英镑是由很多零钱(20 便士和 10 便士的硬币)组成的,由此司机就明白她是想买 1 英镑的票,否则她只要给他确切的 70 便士就可以了.Q 太太放下了整整 1 英镑的硬币,而这既可以买 1 英镑的票,又可以买 70 便士的票.

11. 解答：

玛丽亚是在下图中标有 Z 的位置装水的.还记得两点间距离线段最短的古老法则吗？这个法则同样适用于这里,但这里需要利用一点反射的知识.

假设她返回的路程中的第二段,即从 Z 到 X,关于河岸作它的反射,所得结果就是 X 的对称点,即点 P.

那么玛丽亚返回的所有路程就是从 Y 到 Z 再到 P,那么当 YZP 是一条直线时,YZX 就是最短的距离.另外,YZ 和河岸之间的夹角与 XZ 和河岸之间的夹角相等.

因此玛丽亚跑到河岸边,再"弹"回野餐的地点,这个过程就像一个斯诺克台球从垫子上弹回去.

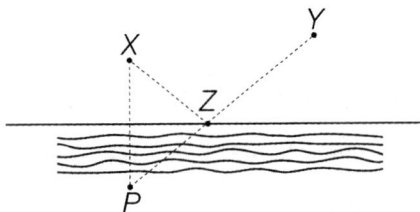

12. 解答：

这和她跑多快毫无关系——即使用世界纪录的速度跑也不能让她的均速达到 6 英里/时.这是因为募捐长跑只有 3 英里,因此如果她整体的平均速度是 6 英里/时的话,她必须 30 分钟跑完全程.但是在最初的 2 英里中,她已经以 4 英里/时的速度花 30 分钟跑了 2 英里,所以她必须用 0 分钟来跑完最后的 1 英里!（这是一个证明平均数可以变得很复杂的非常好的例子.你经常不能达到平均水平.）

13. 解答：

地球上唯一四个方向都是北方的地方就是南极点,所以南极点就是维布什在旅游的地方.

由于地球表面是曲面的,所以如果你从北极点向南走,然后向东,再向北,你将又回到北极点.

你可以做如下的一个演示:如果你从距离南极点的北面超过 10 英里的地方出发,然后向南走 10 英里,再以南极点为圆心绕着它走 10 英里——确保走完这一圈正好走了 10 英里——最后向北走 10 英里回到你出发的地点.

既然南极洲没有熊,所以图弗必然是在北极点,而那里是北极熊出没的地方,这种熊当然是白色的啦.

14. 解答：

这是被称为"关于数字的思考"游戏中最早知道的例题之一.因为它开始包含了许多数字,让我们称那些数字为"*B*".取"*B*"粒豆子在每只手上.现在请看下面的说明：

	左手	右手	合计
开始	B	B	$2B$
移动 4 粒	$B+4$	$B-4$	$2B$
右手扔掉豆子	$B+4$	0	$B+4$
左手扔掉相同量的豆子	8[1]	0	8
拿起 5 粒	8	5	13

[1] $B+4$ 减去 $B-4$ 等于 8,无论 B 是何数.

事实上,这里用符号"B"代表数是代数中的一个范例.数学家们经常用"x"来代替以上称为"B"的符号.

15. 解答:

先将一长条纸片打一个普通的结,再仔细地将结弄平整,并尽量将它压紧.这样就形成了一个规则的五边形.

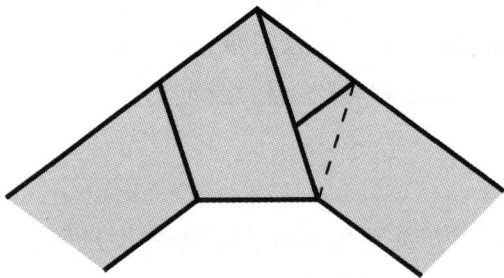

16. 解答:

这个男人首先带着山羊过河,留下了狼和卷心菜在原地.然后他返回,再把狼带过河,并且把羊带回原地.然后他划着船带卷心菜过了河.最后他返回原地,带上羊,划船过了河.这样总共经过七次过河,他将所有的东西都带过了河.

17. 解答:

经过 280 秒,大轮子甲刚好转了 28 圈,快速旋转体乙刚好转了 40 圈,旋转体丙刚好转了 35 圈.

这是因为 280 正好能被 10、8 和 7 整除;它也是能同时被这三个数整除的数中最小的一个.所以原先的三个小朋友经过 280 秒,或者是 5 分钟以内,就可以再次在同一直线上.

18. 解答:

加里自己就是那个不寻常的亲戚.

加里的爸爸的女儿的女儿就是加里的妹妹的女儿,也就是他的侄女,因此他是她的叔叔.她唯一的表兄弟姊妹的父亲就是她唯一的叔叔.所以加里是她的叔叔,而且是唯一的叔叔.(你可能需要再读一遍这段文字!)因此他是站在一面镜子前面看到了他自己.

19. 解答:

大麦地里原先有 20 只乌鸦.每次农场主贾尔斯射击它们的时候,一半乌鸦(10 只)飞走了,但是相同数量的乌鸦很快就飞回来了.

20. 解答：

杜格尔最初的零用钱是每周 6 英镑.比较这两种增加零用钱的方式.题目告诉我们,最初的零用钱的三分之一再加 1,等于最初的零用钱的四分之一再加 1.50.

$\frac{1}{3}$ 与 $\frac{1}{4}$ 的差是 $\frac{1}{12}$,那么 50 便士(即 0.50 英镑)就等于最初的零用钱的 $\frac{1}{12}$,因此最初的零用钱就等于 50×12 便士,即 6 英镑.

21. 解答：

这个木匠首先将原先的木板按照第一幅图的样子切开,然后再按照第二幅图的样子重新拼装.

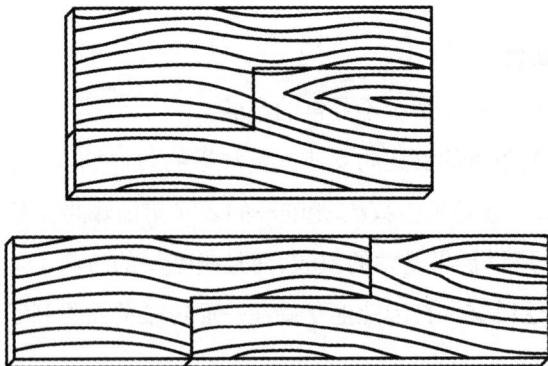

22. 解答：

Forty(四十).(法语中有几个这样的数字：deux, cinq, dix, cent.)

23. 解答:

往路线前方和后方开的列车每十分钟来一次,但往后方开的列车每次都比往前方开的列车晚两分钟.因此他在往前方开的列车到来前的八分钟赶到的机会是他在往后方开的列车到来前的仅仅两分钟赶到的机会的四倍.

24. 解答:

被解码的特殊单词就是"DECODED"(解码的):当你在镜子前面看它的时候,这个单词没有任何改变(看一眼就会明白!).原因就是这个单词从头到尾的字母都是轴对称的.别的单词都至少含有一个没有对称轴的字母.

25. 解答:

黛比是个每天上学、放学回家的小女孩.当她早上进入电梯时,她可以够得着标有"1 楼"的底部按钮,但是回家时,她够不着任何高于"5 楼"的按钮.如果同时有一个成年人进入电梯,那么黛比可以请他帮忙按一下"16 楼"的按钮,然后可以一直乘电梯到家.(据说,这个难题曾经以电梯里的矮个子的形式出现过,但是它在难题的幻想世界里看起来总有点荒谬,因为它从来没想起让矮个子或者(a)拿个小棍子,或者(b)搬到平房去.)

26. 解答:

哈里·霍皮特准备去新西兰东部的安提普斯群岛,他之所以那么说是因为这些岛屿相对于伦敦正好处于地球的另一端,因此无论他从哪个方向出发都一样——他必须飞行半个地球才能抵达那里.

27. 解答：

他这样做不明智.他拿出 10 英镑.珍妮特说："谢谢."然后就准备离开.她哥哥说："嗨,如果你不给我 15 英镑,你就打赌输了!""哦,是啊,我是输了."珍妮特说,"所以我欠你 5 英镑."她拿出 5 英镑还给哥哥,然后面带微笑地带着 10 英镑走进了电影院.

28. 解答：

当他在电动扶梯上走的时候,华生先生花了 20 秒到顶部.这个时候他走了 40 步(每秒两步).如果他在电动扶梯上静止不动,在 20 秒内他仅仅上升了电动扶梯高度的一半.因此电动扶梯的高度 H 是 40 步加上它一半的高度,因此得出电动扶梯的高度 H 是 80 步.

（这里的推理过程与下面的经典难题"如果一块砖的重量是一磅加这块砖一半的重量,那么这块砖重多少?"类似——这里的答案是"两磅".)

29. 解答：

以下就是那两列火车将彼此通行的步骤：

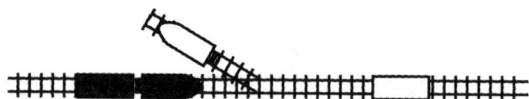

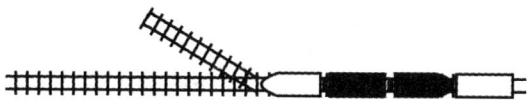

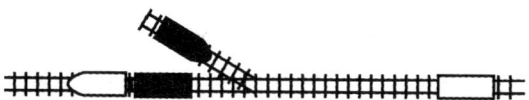

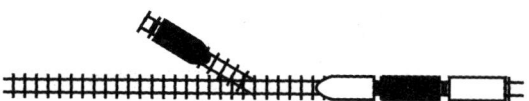

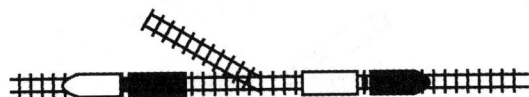

30. 解答:

因为梯子被绑在船的一头,所以涨潮时梯子和船的位置将一起上升.

31. 解答:

她赢了 5 件奖品.

这里仅有四个女孩,她们给出了六个差值.因此那四个女孩之间的每个可能的差值是指定的,我们现在开始寻找四个差值分别是 1、2、3、4、5、6 的数字.因为数字同时增加或者减少,数字之间的差值不变,所以我们可以假定第一个数字是 1,由此推出最大的数字(最大的差值是 6)一定是 7.

$$1\_\ \_7$$

我们必须填入中间的两个数字,而且四个数字之间的差值是从 1 到 6.这里有两种满足上述条件的情况:

$$1\ 2\ 5\ 7 \text{ 或者 } 1\ 3\ 6\ 7$$

第一种情况下,所赢奖品的最大值是 $1+2+5+7=15$,如果我们给每个女孩增加 3 件奖品的话,奖品的总数可以达到 27 件,那么她们每个人的奖品数分别为 4、5、8、10.第二种情况下,所赢奖品的最大值是 17,如果我们给每个女孩增加相同件数奖品的话,奖品的总数不可能达到 27 件.因此 4、5、8、10 是她们各自的奖品数,而伯妮斯比另一个女孩多 1 件奖品,那么她赢了 5 件奖品.

32. 解答:

在某种程度上他们都是正确的！河流构成了西班牙和葡萄牙边界的一部分.一个叫雨果·斯坦豪斯(Hugo Steinhaus)的数学家在 1954 年指出河流的长度依赖于你丈量河流尺子的规格.特别地,他指出,如果你用一把很小的尺子,并且丈量它的每个小港湾的河岸线以及每个转弯的地方,那么你将会得到一个边界线的最大值,这个值远远超过依据地图所量的值或者地理书所给的值.

因此西班牙人很多年前就宣布(是的,他们的确做过这件事)他们和葡萄牙的边界线是 987 千米,他们用他们所用的刻度或许是对的,当然葡萄牙人同时用他们的刻度量出是 1 214 千米可能也是对的.帕梅拉看起来好像是错的,因为如果她真的努力想用学校的直尺测量边界线的长度,她所量出的长度将是一个远远大于 2 000 千米的数字.

33. 解答:

这不可能！虽然你用了 31 张多米诺骨牌,依然有并不相邻的两格没被覆盖,请见下图.试验和失败也表明,那剩下的两格总都是黑格.这是一条解释的线索.当一张多米诺骨牌被放到棋盘上时,它覆盖了两个棋盘格——一个是黑格,一个是白格.不管你放多少张多米诺骨牌,它们总是覆盖相同数量的黑格和白格.

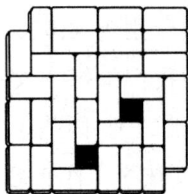

但是除去拐角两格的棋盘一共有 32 个黑格和 30 个白格,在棋盘上面放了 30 张多米诺骨牌后,依然有两个黑格未被覆盖,所以除去拐角两格的棋盘无法被 31 张多米诺骨牌覆盖.

34. 解答:

朝倒扣的玻璃杯向外的方向刮桌布.当你刮桌布的时候,所产生的振动会带动中间的硬币,它便会有规则地向你手指方向运动,从而穿过玻璃杯的边缘.

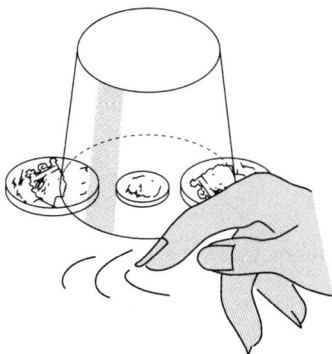

35. 解答:

华生头上的是一方白色的手帕.如果他头上的是蓝色的手帕,赫德森太太会立即知道她头上的是两方白色手帕其中之一.事实上她并不知道,这意味着她看到华生头上的是白色手帕.

这一难题说明了有时你能从显然的"没有"信息中得到有用的推论这一有趣的法则.这是名侦探福尔摩斯故事中的一个名叫"银色火焰"的著名实例.

检查员格雷戈里(Gregory)问是否有什么引起福尔摩斯注意的东西.

"夜晚那只狗身上发生的古怪事情."福尔摩斯回答.

"但是那晚狗什么都没做."

"那就是古怪的事情."福尔摩斯评论道.

36. 解答:

在下文中,用数字1到7表示下表中的正方形.

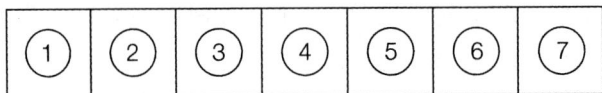

①	②	③	④	⑤	⑥	⑦

然后你需要6次移动和9次跳跃,一共15个步骤完成.以下为相应步骤:$3\rightarrow4$;$5\rightarrow3$;$6\rightarrow5$;$4\rightarrow6$;$2\rightarrow4$;$1\rightarrow2$;$3\rightarrow1$;$5\rightarrow3$;$7\rightarrow5$;$6\rightarrow7$;$4\rightarrow6$;$2\rightarrow4$;$3\rightarrow2$;$5\rightarrow3$;$4\rightarrow5$.

37. 解答:

可以这样放这些刀:每把刀都在它左面刀的上面且在它右面刀的下面,或者正好相反.这样有三脚的桥一定不会倒塌,而且可以承受一个相当大的重量——比一个平底大玻璃杯的重量要重得多.

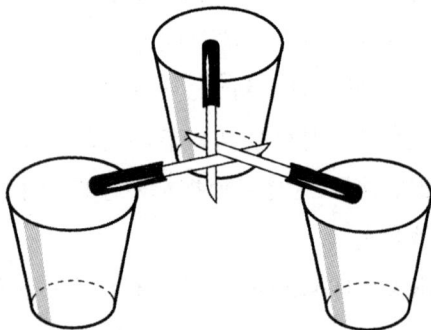

对于四把刀的情况,你可以将四个平底大玻璃杯之间的距离再拉大些.

38. 解答:

移动下面的三根火柴来组成四个小正方形和一个外面的大正方形.

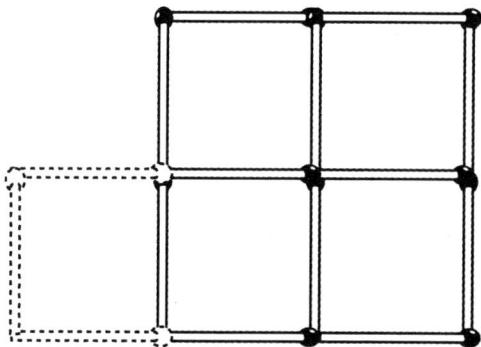

39. 解答:

有可能说出正确的时间.当小的指针指向钟面上的某个确切

的方向时,只有一个正确的位置.如果它是某小时一刻钟,那么小指针必然指在两个小时刻度的四分之一处;如果它是某小时 20 分钟,那么小指针必然指在两个小时刻度的三分之一处.既然指针正好指在小时刻度的二分之一处,那么它必然是某小时 30 分钟,这样得出指针指的是 1:30.

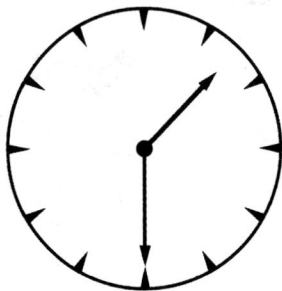

40. 解答:

杰克看到吉尔的脸脏了,他确信自己的脸也脏了,所以他去洗脸了.吉尔在杰克脸上什么脏东西都没有看见,很干净,没意识到她脸上有些脏东西,因此她并没有去洗脸.

41. 解答:

鲍勃只需要到另一端然后返回,而且他仅仅需要连接两次电路.

如果我们将在隧道一端的四根电缆叫做 A、B、C、D,另一端的叫做 1、2、3、4,然后鲍勃先将 A 和 B 连接起来.在遥远的另一端,他在电缆上分别做了 1、2、3、4 的标签.然后他不断测试,直到他发现了一对——假设为 2 和 4——组成一个电路.现在他将其中的一根连接到另一根没用过的电缆——2 和 3——再回到隧道的另一端,断开 A 和 B,再观察电路中是哪对组成一个电路.其中的一条是 A 或 B(另一端是 2),剩下的就是 C 或 D(另一端是 3).假设一对是 A 和 C.他现在拥有了他需要的所有信息.在这个例子里:

A 是 2,因此 B 是 4,C 是 3,D 就是 1 了.

当然这个结论是在它们连接起来可以组成电路的前提下.

42. 解答:

将你的手指放在最后一行的两枚"H"上,滑动它们到第一行两枚"T"的上面的位置,如下图所示.然后,将你的手指紧紧地放在这两枚"H"上,向下推动,这样原来两个柱状的硬币一起向下移动,就又形成了一个正方形.

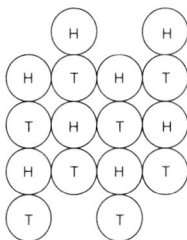

43. 解答:

如果他的儿子们如下页图所示来分割土地,他们将每人得到一片均等尺寸的"L"形的土地.

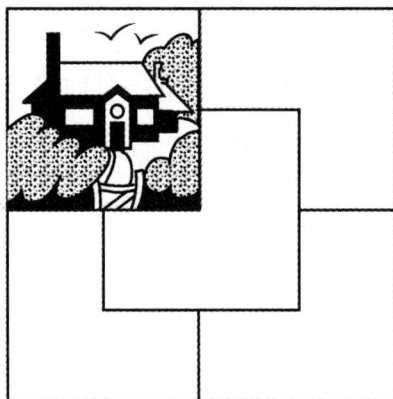

44. 解答:

玛丽应该叫"4",这样这一轮数的总和就是 11.无论彼得在他的那轮叫什么数字,玛丽总是能将那一轮两数的总和变成 11.这样,在玛丽的一轮以后,所有数的总和必然为 11 的倍数.

在他们已经各自叫了 9 个数字后,数的总和将变为 99,彼得随便叫一个数字,即使是"1",总数都将变为 100 或以上.

45. 解答:

办法就是将从右数起的第二个杯子里的水,倒到从左数起的第二个杯子里,然后把这个已经空了的杯子放回它原来的位子.

46. 解答:

那个售货员在卖个人房屋号码.每个号码卖 1 英镑,两个号码卖 2 英镑,以此类推.

47. 解答:

把其中一小段的三个链环都打开,然后将余下的四小段链子,分别用一个链环两两相连.

48. 解答:

这些字母是英文单词1~8,即"ONE"到"EIGHT"的开头字母,所以下一个字母应该是"NINE"的开头字母"N".

49. 解答:

有时候,只靠观察作判断,结果可能是不正确的.这两个图形是从同一个圆环上取下的,通过比对或测量,你会发现,上面一个图形的面积更大些.

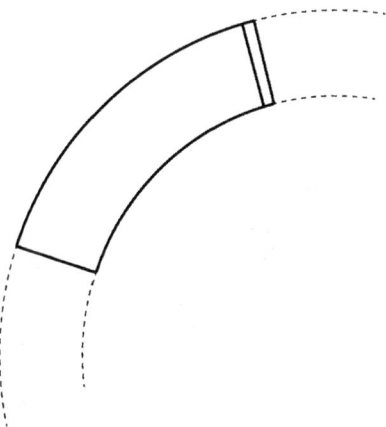

50. 解答:

新游泳池的格局如下页图所示,即将四棵树分别作为新游泳池四边的中点,而不是在四个角上.

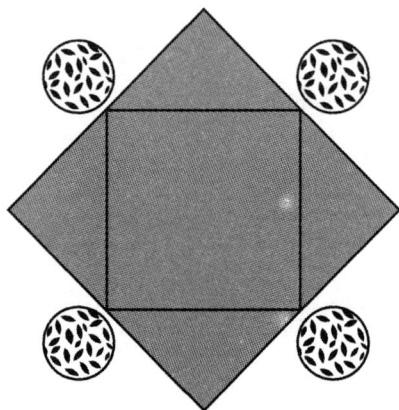

51. 解答:

这个物体是立方体.下图为这个物体在三次不同角度的光线下映射的影子的图解.

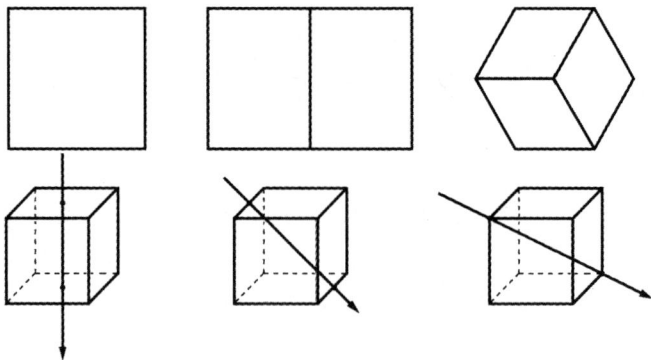

52. 解答:

依次为棺材、你的呼吸、你的名字、火、脚步.

53. 解答：

6 次.想一想中心的那个小正方形,你就会明白为什么至少也要切割 6 次了.中心的那个小正方形有 6 个面,每个面都是需要通过一次切割而形成.

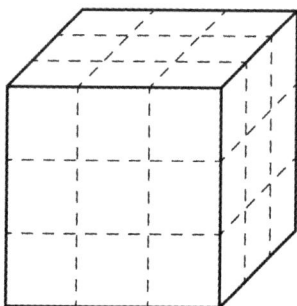

54. 解答：

如图所示,就是最简单、恰当的方法了.

(提醒一下,你可能会想到关于谁拿中间松散的两块的争论场景.)

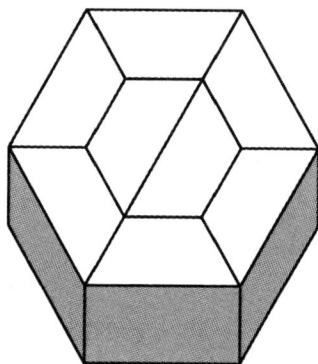

55.解答:

用直尺或者直边的物体一比对,你就会知道右边的一条线才是上面一条线的延伸,虽然你的第一印象可能是左边的.

56.解答:

包括布莱恩在内,四个人参加会议.

159是布莱恩邀请参加会议的人数和每份文件的页数的乘积.拆分159,只能得到3和53两个素因数.所以,拿复印件的人数只可能是159、53或者3.斯蒂芬在几分钟时间内把53份复印件分发给53个人,是非常不可能的.所以,他一定是分发了3份复印件,而每一份复印件是53页.布莱恩有原件,4份文件给4位开会的人.

57.解答:

把"FOUR"变成"FIVE":用7步可以完成,例如:

FOUR POUR POUT PORT PORE FORE FIRE FIVE

使用普通单词,把"ONE"变成"TWO"总共需要10步:

ONE ODE ODD ADD AID LID LIP TIP TOP TOO TWO

58.解答:

先装入超出一半的水,然后倾斜铁罐使水流出来,直到水面恰巧在铁罐口和铁罐底的同一水平面上,如下页的第一个图形所示.

现在,铁罐里正好装着一半的水.竖直铁罐,在水面所在的位置做个标记.最后,倾斜铁罐,每次都让它流出一点水,直到水面恰巧在你做的划痕标记和铁罐底的同一水平面上,如下页的第二个图形所示.

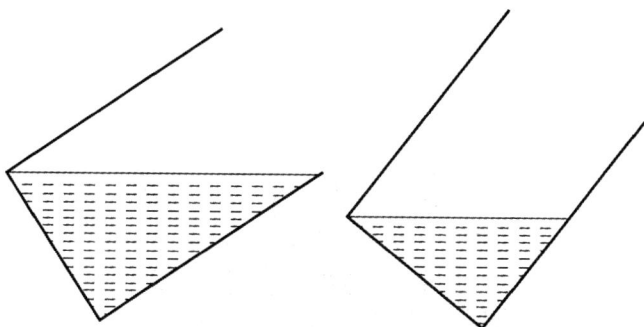

59. 解答:

他们没有幸运的朋友,因为赢得奖金的人都不是他们的朋友.事实上,关于这个故事,完全不令人惊讶.让我们思考一下这个女孩的话,因为她说的是中奖额最高的.她说的故事来自多少人呢? 她的学校里可能有 1 000 个孩子,每个孩子可能有 10 位成年的亲戚,他们可能都被说成是"他们家"(如果他们赢得了奖金).那么就有 10 000 种不同的途径使得这个故事发生.并且,如果在后面四个星期里这 10 000 个人买了 20 000 张票(十分可能),那么使一家赢得 10 000 元的奖金变得十分有可能.赢得最高奖金的故事被流传,是因为没有人对 19 999 张没有中奖的票感兴趣! 这个道理对弟弟和爸爸的中奖故事同样适用.

60. 解答:

瓶子值 1.05 元,塞子值 0.05 元.

61. 解答:

这个窍门非常简单:你把硬币从 1 到 2 移动到长对角线上.你

的对手就不得不移离对角线,允许你在第二轮移回到这条对角线上……那么你始终都最靠近"END",因为它在长对角线上,你就可以占领它.

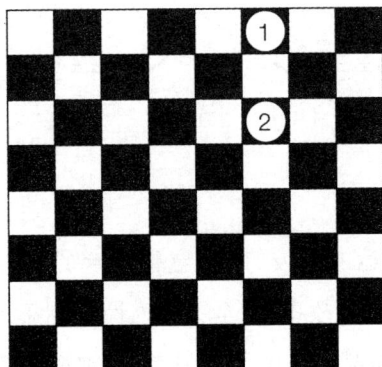

END

62. 解答:

它们不会被移得更近或更远.

来看一下为什么答案是这样的,想象有一块木块在两个螺钉中间.右手的螺钉就好像被旋进木块,所以,以右手螺钉作参照物,好像木块正在被向右推动.

然而,左手的螺钉就好像从同一块木块中被旋出.换句话说,以左手螺钉作参照物,螺钉将木块释放出来并使它向右移动.所以可以看作这两个螺钉是相对不移动的(从它们独立的旋转中分别看),而只是这个想象出来的木块在移动.拿开这个想象出来的木块……(我们就可以知道正确答案了.)

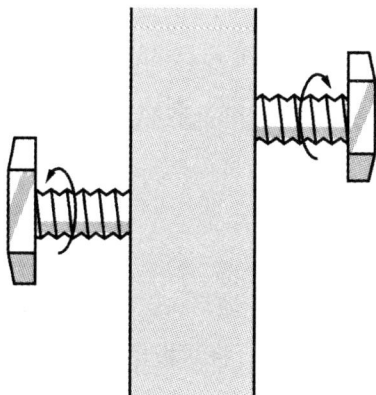

63. 解答:

原因很简单,这些鸟离开鸟巢的时间(超过 14 分钟)远远超过它们在鸟巢内的时间(少于 30 秒),所以先被看到的鸟回巢的机会是 29:1.因为他只观察了一周,所以爱德华总是看到鸟回巢并不奇怪.(如果爱德华从拂晓就开始观察,他可能会看到鸟离巢.)

64. 解答:

由于任意一个说明都和其他的说明相矛盾,所以至少有三个说明是假的.事实上只有说明三是真的,其他的都是假的.

65. 解答:

他们的谈话中有两句包括了字母表里的每一个字母.如下:

"Pack my box with five dozen liquor jugs",这里有 32 个字母.

"Quick Baz, get my woven flax jodhpurs",这里有 30 个字

母,并且是英语中用全 26 个字母的最短的连贯句子.

另外,在"A quick brown fox jumped over that lazy dog"一句中,若将"jumped"换成"jumps",则这句也将包括 26 个字母中的每一个.

66. 解答:

你不能利用木板漂过护城河,因为那样势必让你面临落水的危险.其实,你可以按照图示,将木板排在护城河的一角.

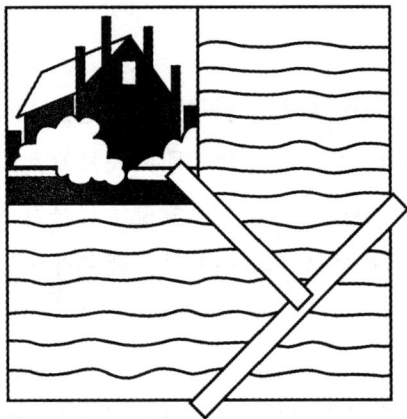

按照这种排列,两块 3.9 米长的木板可以用来通过 4 米宽的河,并且允许放置在岸上的一端和木板的一端有一点交叠.

67. 解答:

你不能写"one",因为那样就会有两个数字.但是如果你写了"two",那其实只有一个.其实,有很多单词适合用在这里,例如"small""minimal""finite".

68. 解答：

填入这些单词后横排、竖排和对角线如下：

B	A	R	D
A	R	E	A
R	E	A	R
D	A	R	T

69. 解答：

这天是 1 月 1 日,元旦.任何一年中,圣诞节都是元旦过后的第 358 天(或者第 359 天),并且因为 358 或者 359 都不能被 7 整除,所以圣诞节和元旦不会在不同星期里的同一天.达美的生日是 12 月 31 日,这就可以解释她的年龄为什么可以跳跃得这么明显.而珍妮特(她可能没有出席这个家庭聚会)是住在南半球的.

70. 解答：

至少会有 34 个裂块.

巴里起初是有一整块巧克力.每当他分割一次,他就会得到一块额外的巧克力,这是个事实,无论是他把小的一块分成两块,还是把一大长条分成两块.因为他最后拿到的肯定是 35 块,所以他一定至少会有 34 个裂块.

71. 解答：

在你的左边.当你向北穿行时,你的右边是东方,但是如果你向南穿行(如果你正在穿过南极点,那你一定是在向南行进),东方就在你的左边了.

72. 解答：

Potatoes.这和蔬菜没有关系,虽然人们可能试着对哪种蔬菜容易"分解"成不同物质有一些奇异的解释.其实解释非常简单.句子中的单词的字母数是按照1,2,3,4,…的顺序递增的.这个空隙应该是一个八个字母的单词,所提供的五个选项里只有"potatoes"适合.

73. 解答：

这两个容器是简单的圆柱形,所以你可以精确地将每个容器都装一半水.方法是倾斜容器,使注入的水的水面保持在容器底部的上边缘和容器顶部的下边缘所在的平面上,如下图所示.

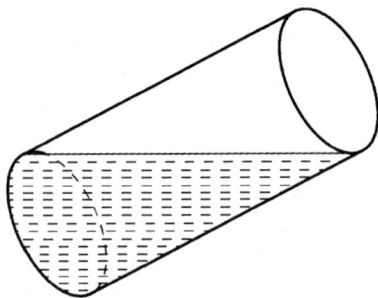

所以,你可以先装满每个容器一次,然后每个容器装一半,四次相加,得 3 升＋7 升＋1.5 升＋3.5 升＝15 升.

74. 解答：

令人惊讶的答案是球将以 120 英里/时的速度飞向克雷格.球与火车碰撞前的相对速度是 20＋50＝70 英里/时,所以球是以相对于火车为 70 英里/时的速度从火车头反弹回来的.但是火车自身仍在以 50 英里/时的速度前进,所以,相对克雷格来说——他是站在地面上的——球就是以 70＋50＝120 英里/时的速度飞回的.然而这样的超级球是不存在的,可以通过对普通弹力球的飞向运动物体(像网球球拍)并被弹回来观测这样显著的加速度数值.

75. 解答：

如果倒数到 T,你能找到词语 TUT(发出嘘声)或者 TUTU(由腰部撑开的芭蕾舞用短裙).倒数到 S,你能找到一个常用的三个字母的词语,这个词语是 STY(猪圈).

76. 解答：

因为每个盘子里仍然有 100 颗橄榄,因此绿色的盘子里的黑橄榄数量和黑色的盘子里的绿橄榄数量是一样的.如果不是这样,那你一定凭空造出了另外的橄榄.

你不知道从混合的橄榄里面拿回了多少绿橄榄,但你知道绿橄榄的总数是 20.我们假设拿回去 17 颗绿橄榄和 3 颗黑橄榄.

	黑色的盘子	绿色的盘子
初始状态	100 颗黑橄榄	100 颗绿橄榄
第一次交换以后	100 颗黑橄榄＋20 颗绿橄榄	80 颗绿橄榄
第二次交换以后	(100－3)97 颗黑橄榄 (20－17)3 颗绿橄榄	3 颗黑橄榄 (80＋17)97 颗绿橄榄

如你所见,最后黑橄榄和绿橄榄在相应颜色盘子里的数量都是97.事实上,无论混合橄榄的数量是多少,以上分析都适用.有人仍然完全不信这个答案,那么证明这个答案最好的方法就是你亲自拿一盘橄榄来操作一次.

77. 解答:

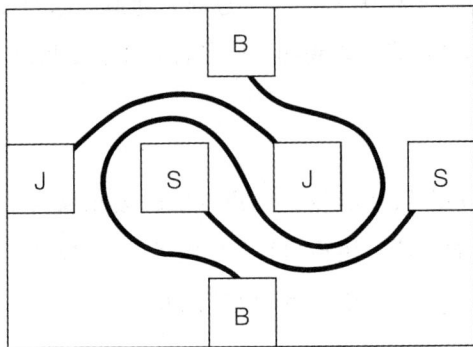

这些土地如上图所示连起来.布朗先生的小路从其他小路中进进出出,长度比其他小路的两倍还长,造价也比其他小路的两倍还多.

78. 解答:

有一件事必须明白,邦德先生是不会被冻死的.冰箱所做的事情就是将热量从内部传递到外部,而这需要用到大量的电力.由于冰箱的外面是房间,事实上这个房间会慢慢地热起来.因此邦德先生有可能死于脱水、窒息或者被热死!

79. 解答:

这些木块上的字母是 TWELVEONE,它们是由 ELEVENTWO 重新排列而来的.

80. 解答:

标签在前面这片衣服的外面.

81. 解答:

写下这个信息的人有一个特殊的数字,当然他确实有,他把自己的数字加到了信息中的每个数字中,因为这是他们俱乐部的规则.如果他的数字比 4 大,就会超出他所说的数字的范围;如果他的数字比 4 小,其他成员的数字就不可能比这个还小.所以他的数字是 4,也就意味着这个俱乐部有 6 位成员,他们的数字在 2 和 5 之间,两个成员的数字比他的小,一个成员的数字比他的大.所有数字加起来是 23.这六个数字唯一可能的组合是 3,3,4,4,4,5.

82. 解答:

可以证明她的推理没有问题.这是一个著名的谬论"意料之外的绞刑",它已经被许多作者无数次地讨论过.这儿有一种方法,你可能可以用它解释这个谬论:告诉某人什么时候他会得到一个惊喜是不合逻辑的.这个故事最好改成安德鲁说:"珍妮,今天晚上我决定给你个惊喜.我会带你去唐杜里餐厅吃饭."逻辑上她可能会说"那不是个惊喜,因为你已经告诉我了",但是当安德鲁晚上真的带她去吃饭时,她会稍微有些惊喜.

83. 解答:

这是一种最简单的摆放四个硬币的方法.

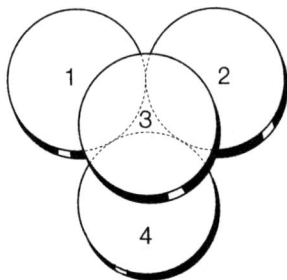

以下是摆放五个硬币的方法.一个硬币必须比另外四个小很多.斜靠的硬币不太可能自己站稳——你将不得不在适当的位置扶住它们——而这并不违背题目的要求.

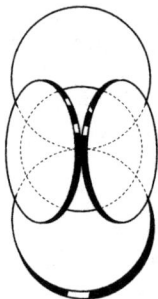

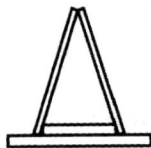

84. 解答:

印度豹又赢了! 它们以相同的速度比赛,当美洲豹跑了 90 步时,印度豹跑了 100 步并且追上了美洲豹.这就意味着它们再跑 10 步到达小溪,而那时候印度豹将先达到.

85. 解答:

诺瓦尔先生没有移动的那些书将仍然留在书架上它们原来的位置上.因此它们一定已经在正确的位置上.所以他所要做的就是留下尽可能多的原来就按从左到右顺序排列的书.他最多能选出 4 种可能,按照如下 4 种方法留下书:3,4,9,10;3,5,9,10;3,4,6,8;3,5,6,8.

选择哪种方法没有区别.他还是得移动并替换剩下 6 本书中的每一本.

(有一个难得多的问题,它没有一个简单的解决办法.由于为了填补拿走的那本书的位置,他必须用力将一些很重的书沿着书架推动,因此选用何种顺序来移动并替换这 6 本书有什么区别吗? 答案是:有.)

86. 解答:

下图是这个物体的透视图.

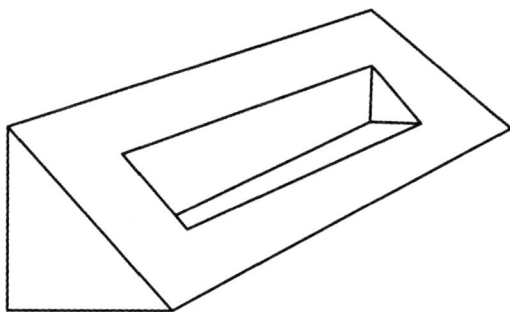

87. 解答:

可以.他们最快可以在 7 分钟内完成.迈克给其中两个人的鞋

子涂上光亮剂,而同时梅尔夫给另外一个人的鞋子涂上光亮剂.然后梅尔夫给迈克的那两个人擦鞋子,而迈克给梅尔夫的那个人擦鞋子.

迈克:给 A 先生涂上光亮剂;给 B 先生涂上光亮剂;给 C 先生擦鞋子(用 5 分钟).

梅尔夫:给 C 先生涂上光亮剂;给 A 先生擦鞋子;给 B 先生擦鞋子(用 7 分钟).

88. 解答:

老麦当劳养的动物有:

PIG(猪)——piglet(小猪)

KID(小山羊)——goat(山羊)

OX(公牛)——oxen(复数形式)

SHEEP(绵羊)——sheep(复数形式)

一个农场养公牛的同时,还养着猪、绵羊和小山羊,这有点不大寻常,但事实就是如此.这里还可能有一些其他的选择,比如DEER(鹿).

89. 解答:

他改为右转(当然,除此以外他还能怎么办呢?),如下:

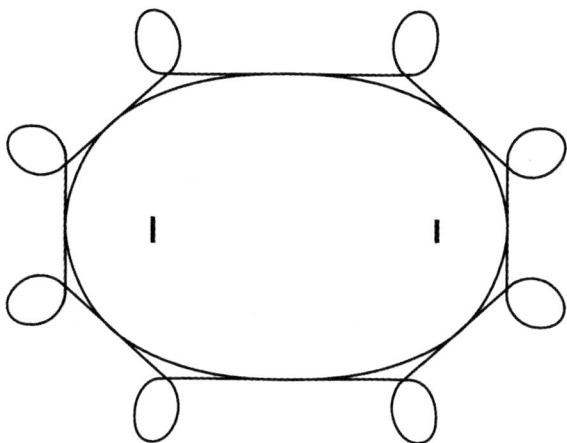

没人问这个古怪的旅程会有多长,但是答案就类似于上图那样.他沿着能绕场地一周的多边形的边骑行,在每个转弯处,他往右转圈.

90. 解答:

史密斯女士将赶上她出发时已经在路上的所有公交车,除了那些在她驾驶的一个小时里离开这段路程的公交车.反方向她将遇到同样数量的原本在这条路线上的公交车以及在这一小时内进入这条路线的公交车.所以这条路线上原来的公交车数量一定是 12,在她一小时的车程中,4 辆车离开这条路线,4 辆车进入这条路线,这就意味着这些公交车平均每隔 15 分钟发一次车.

91. 解答:

从 QWERTYUIOP 中选出字母组成的 3 个最长的常用词语是 PROPRIETOR(所有者),PERPETUITY(永恒)和 TYPE-

WRITER(打字机,这个词语有点让人惊讶).所有这 3 个词语都在文章中出现过.

92. 解答:

查利·斯诺德干的.

假设第一条陈述是错误的.那就意味着"这条陈述和第一条正确的陈述后面的那条陈述,全是正确的",这是自相矛盾的,因为我们说第一条陈述是错误的.因此第一条陈述一定是正确的.这就意味着陈述 2 是错误的,也就意味着陈述 3 是正确的.所以(由陈述 2 是错误的可以得出)陈述 5 是错误的.如果陈述 5 是错误的,那么少于一半的陈述是正确的,要使这种情况发生的唯一办法就是陈述 4 和 6 都是错误的.因此从陈述 4 可以得出,查利·斯诺德一定是罪犯(亨利·范·艾克不是荷兰人).

93. 解答:

这个问题的传统答案是,既然这个秘书已经确定第三个字母是 T,那么他(她)就没有理由要知道这个字母代表什么.

然而,从这个对话容易看出,他们用的是一条坏掉的电话线路.Tummy 的 T 听上去很像 Dummy(哑巴)的 D,因此秘书会很自然地让来电话的人重复 T(尽管更好的回答可以是"对不起,是 Tango(探戈)的 T 吗?").

94. 解答:

任何经过点 X 的直线都将平分底下一行的 3 个面包,而任何经过点 Y 的直线都将平分上面一行的 2 个面包,所以直线 XY 就是这个问题的一个答案.类似地,任何经过点 A 的直线将左边的 1 个面包平分成两份,任何经过点 B 的直线(这一组的中点)将右边的 4 个面包平分成两份,所以直线 AB 是另一个答案.

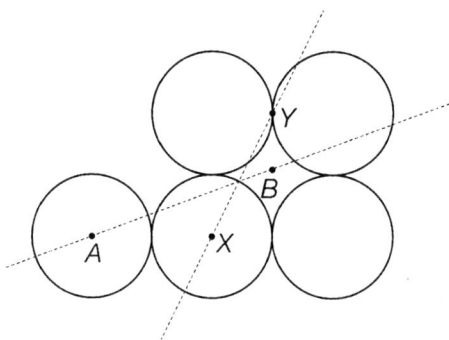

95. 解答:

加里之前就听说过这个骗局,而且知道秘诀就是将啤酒杯垫正好放在桌子正当中.无论马里安在哪里放垫子,他都可以放在一个对称的位置上,因此一定是马里安先遇到无法放杯垫这种情况.不幸的是,在实际操作中,不借助直尺或者直线而将啤酒杯垫正好放在一张大的长方形桌面的正当中,这是不可能的,因此如果你想尝试这个赌局,请下小赌注!

96. 解答:

可以在 5 步之内完成,例如依次翻转 1 2 3,4 5 6,7 8 9,8 9 10,最后翻转 8 9 11.杯子 8 和 9 都被翻转了 3 次,最后和其他杯子一样都被正确地翻转过来.

当然,还有很多其他的方法可以在 5 步之内完成这件事.

97. 解答:

你必须将两张卡片翻过来——有雪糕图片的卡片和写着香草口味的卡片.如果有雪糕图片的卡片的另一面没有写着巧克力,那么阿尔夫就是错误的.而如果香草口味的卡片的另一面是雪糕图片,那么他也错了.但是另外两张卡片的另一面是什么就没有关系了:巧克力卡片的背面可以是任何冷饮,因为阿尔夫所说的不包括这种可能性.

98. 解答:

查尔斯写的数不是任意的.当他写下数时,他确保自己写的第一个数的每个数字加上爸爸写的第一个数的每个数字,总是等于9,第二个数也一样.

爸爸的第一个数　　 7 2 5 8 3 9 1

　　　　　　　　　　　　　　 ＋

查尔斯的第一个数　 2 7 4 1 6 0 8

　　　　　　　　＝9 9 9 9 9 9 9

那就意味着前四个数加起来总是等于 9 999 999＋9 999 999＝19 999 998.那么将这五个数加起来所要做的就是将爸爸写的第三个数加上 20 000 000,然后再减去 2——一个非常简单的运算,可以在爸爸写的第三个数的前面写个 2,再从这个数的最后减去 2.

99. 解答:

正的位置.证明这点最简单的办法就是你自己在一块透明的塑料上写字,然后透过它在镜子里看.

100. 解答：

为了存活,西比尔必须跑得足够快,和轮子保持固定的位置关系.轮子中心以每小时 10 英里的速度前进,但是履带的顶部是以每小时 20 英里的速度前进(而和地面接触的履带底部是固定的).

因此为了和坦克以同样的速度往前进,西比尔需要以每小时 10 英里的速度朝坦克后面跑.如果它的速度能超过每小时 10 英里,它就会稳稳地朝移动的坦克后面跑,最后掉下去.

101. 解答：

这个朋友是个女士,叫简.出于一些原因,大多数人猜想彼得的朋友是个男的,即使在这个题目里没有任何预示,即使大学朋友是异性也非常普遍.

102. 解答：

这是如何做的方法.这不容易想象,所以我们展示原始的立方体,同时切开来展示 3 块分割开(相同)的部分.

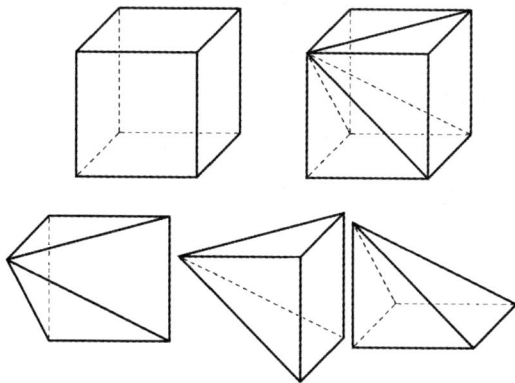

这个方法源于这样一个事实,那就是当你顺着任意一条长对角线看一个立方体时,它的外部轮廓是个六边形.切三刀穿过这个六边形的对边.

103. 解答:

虽然他离开了 30 天,但是却经历了 31 个晚上:每一天加上向东周游世界的一天.当你向东旅行时,头上的太阳走得越来越快,因此昼夜变得越来越短.在儒勒·凡尔纳(Jules Verne)的小说《环游地球 80 天》中,关键情节就是主人公斐利亚·福格(Phileas Fogg)花了 81"天"在他的旅行上,即使他只离开了 80 天.

如果你向西飞行,会怎么样呢? 你的天数会变得越来越长.由于环绕地球一周约 24 000 英里,如果你沿着赤道以每小时 1 000 英里的速度朝西飞行,你的夜晚将无穷无尽.如果飞得更快,太阳甚至会在东面落下!

104. 解答:

塔尼娅写的是:Twenty-one(21).

塔姆辛写的是:Twenty-two(22).

题目中有 19 个"t",但是 19(nineteen)和 20(twenty)都不是正确答案,因为它们的"t"必须包括在答案中! (还有一些是人为造出来的正确答案.比如,在法语中它们可以写作"dix-neuf"(20)和"vingt"(21)!)

105. 解答:

4 对面的数字是 6.大部分人说是 3,但这不是通常的骰子,因为它有 2 个 6 并且没有 5.为了弄清怎么回事,观察前两个视图的 2 和 6.一个视图中 2 向左倾斜,而另一个视图中 2 向右倾斜,因此 这里包括了不同的面.如果两个视图中的 6 是一样的,那么 3 和 4 将出现在同一面上,因此这两个 6 是不一样的.下图是整个立方体 展开来的样子:

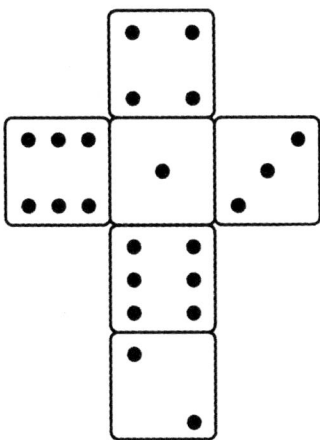

Mindbenders and Brainteasers
100 maddening mindbenders and curious conundrums,old and new
First published in Great Britain in 2003
New edition published in 2005
Reprinted in 2008 by Portico
An imprint of Pavilion Books Company Limited,
43 Great Ormond Street, WN1 3HZ, UK
Copyright © 2003, 2005, 2008 Rob Eastaway & David Wells
Illustrations by Terry Evans

本书中文简体字翻译版由上海教育出版社出版
版权所有，盗版必究
上海市版权局著作权合同登记号图字09-2016-828

图书在版编目（CIP）数据

智力难题与脑筋游戏 / (英) 戴维·威尔士, (英)罗勃·伊斯特威
著 ; 程玮, 魏意, 昭烁译. -- 上海 :上海教育出版社, 2018.8
（趣味数学精品译丛）
ISBN 978-7-5444-7737-6

Ⅰ.①智… Ⅱ.①戴… ②罗… ③程… ④魏… ⑤昭… Ⅲ.①智力
游戏 Ⅳ.①G898.2

中国版本图书馆CIP数据核字(2018)第180052号

责任编辑　赵海燕　　蒋徐巍
特约编辑　刘　懿
封面绘画　杨施慧
封面设计　陈　芸

趣味数学精品译丛
智力难题与脑筋游戏
ZhiLiNanTi yu NaoJingYouXi
[美] 戴维·威尔士　罗勃·伊斯特威著　著
程　玮　魏　意　昭　烁　译

出版发行　上海教育出版社有限公司
官　　网　www.seph.com.cn
地　　址　上海市永福路123号
邮　　编　200031
印　　刷　宁波市大港印务有限公司
开　　本　890×1240　1/32　印张 5.25　插页 1
字　　数　113千字
版　　次　2018年8月第1版
印　　次　2018年8月第1次印刷
书　　号　ISBN 978-7-5444-7737-6/O·0164
定　　价　38.00 元

如发现质量问题，读者可向本社调换　电话：021-64377165

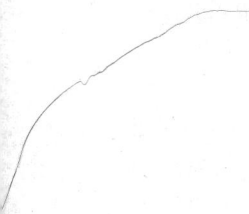